不動産業者のための

弁護士との「協業」のすすめ

鈴木洋平
SUZUKI YOHEI

幻冬舎MC

Prologue　不動産業者が抱えがちな売買取引におけるトラブルとは……

「仕事になりそうな物件なのに、難しい法律トラブルが絡んでいる……」

こういった悩みを抱える不動産業者は、決して少なくありません。特に近年では認知症などで判断能力が著しく低下してしまった高齢者の自宅売却にまつわるトラブルが増えています。

例えば、戸建てで一人暮らしをしていたAさんは常々、自宅を売却して老人ホームへの入所費用を捻出したい、と息子のBさんへ伝えていました。しかしある日、Aさんが脳梗塞で倒れ日常の判断能力が著しく低下してしまったため、Bさんが代わりに売却しようと不動産業者へ依頼したのですが、不動産がAさん名義のままだったため子どもであるBさんが売却することはできませんでした。そのため不動産業者はBさんが成年後見人になることを前提に、その手続きを進めていったのですが、家庭裁判所が成年後見人として選んだのはBさんではなく第三者の弁護士でした。しかも、その弁護士が別の不動産業者に自宅の売却を依頼したため、結局Bさんから相談を受けた不動産業者は不動産の売却に関わることができなかったのです。

私は不動産関連を得意分野とする弁護士であり、不動産・建設会社の顧問先は50社以上、不動産に関する相談件数は年間数百件に達しています。冒頭で解説したような家族間の法律に関わる問題以外にも借地・借家などの法律トラブルにより、そのままでは売却できない、または買い手が見つからない案件も多くあります。それらの法律トラブルをスムーズに解決し、取引を成立させるためには不動産業者と法律の専門家が双方の知見を活かし「協業」することが欠かせません。

冒頭のようなケースの場合は、Aさんが判断能力を喪失する前から検討を開始していれば、任意後見契約または家族信託契約などを利用して不動産の売却を進めることが可能です。また判断能力喪失後でも、適切な順序を踏めば後見人と連携して不動産取引に当たることは可能であり、Bさんから相談を受けた不動産業者も引き続き関与することができたのです。

本書は不動産業者に向けて弁護士との協業のやり方やメリットを解説し、協業による成功事例を数多く紹介しています。弁護士とタッグを組み、協業することは、決して難しいことではないうえに、多くのメリットをもたらします。目の前に仕事になる物件があるのに、法律の壁で何もできないと悩む読者にとって、この一冊が弁護士に声を掛けるきっかけとなれば、筆者として望外の喜びです。

不動産業者のための　弁護士との「協業」のすすめ　目次

[Part 1]

不動産業者と弁護士とが手を組むことのメリット

不動産業者と弁護士による「協業」とは何か

「協業」とは、日本最大級の辞書サービスgoo辞書によると「一連の生産過程で多数の者が計画的、組織的に労働する生産形態」とあります。要するに「力を合わせて働く」「業務提携する」「コラボレーションする」といった意味でとらえておけば間違いありません。

しかし不動産業者と弁護士との協業においては、あくまでお互いがフェア・対等な関係でなければなりません。一方が仕事の発注者で、一方が受注者という立ち位置だと相手から仕事が得られない、またはメリットが少ないといったことが不満となって、次第に殺伐とした関係になっていくからです。

一方で、不動産業者と弁護士が同じ顧客の利益を生むことに対して協業すれば、両者が共通の目標に向かって努力することになるので、お互いに協力し合うことができます。

とはいえ、弁護士と日常的に協業している不動産業者は非常に少数派です。その大きな理由は、「弁護士と一緒に仕事をすれば多額の費用がかかる」という先入観が影響しています。それゆえ、弁護士と接点をもつことさえ躊躇してしまうのです。

しかしながらこれは大きな誤解です。不動産業者との協業に積極的な弁護士は、不動産業者経由の相談料などを無償とすることが多いのです。

また、弁護士と聞くと普段接点もないため反射的に及び腰になる人もいますが、協業するフェアで対等な間柄であれば遠慮はいっさい無用です。お互いの専門分野に関しては、気兼ねなく意見を出し合うことがWin-Winの関係構築につながるからです。

なお、顧客の利益を最大化するには、不動産業者と弁護士の専門スキルだけでは足りないケースもあります。そのような場合は、どちらかのネットワークを駆使して司法書士や税理士など、その都度最適な専門家とチームを組んで対応することが得策です。

本書では以上のように顧客、不動産業者、弁護士の3者を核として複数の専門家がチームを組み、さまざまな障害のために商品とならなかった不動産に価値を与え、さらにその価値の最大化を目指して活動することを「協業」と呼びます。

「協業」しなかったことによる失敗事例

では、協業によってどのような問題を解決できるのかを、失敗事例を基に説明します。

Aさん：自身名義の持ち家で一人暮らし　Bさん：子ども

Aさんは、今後、一人で生活できなくなったときのために老人ホームへの入所を考えていました。そして、その費用は持ち家を売却して捻出しようと思っており、このことはBさんへ伝えていました。

ところがAさんは、持ち家の売却前に脳梗塞で倒れて入院し、独居生活ができなくなってしまいました。会話はいちおうできるものの、理解力が低下して同じ発言を繰り返してしまうような状態です。

そこでBさんは、Aさんの持ち家を売却しようと不動産業者に依頼しました。しかしAさんの財産を、Bさんが勝手に売ることは法律上できません。頭を抱えてしまった不動産業者は、知り合いの司法書士に相談しました。すると司法書士は成年後見制度を利用し、Bさんが成年後見人になることを提案しました。成年後見制度とは、認知症や知的障害などで判断能力の不十分な人のために、家庭裁判所が選任した成年後見人が財産を管理したり、施設への入所契約を結んだりすることができる制度です。

Bさんはその提案を受け入れ、司法書士が申請書類を作成して成年後見の申し立てをしました。その際、当然ながらBさんが成年後見人になる希望も添えました。

ところがです。家庭裁判所はAさんに資産（約1200万円）があることを理由に、Bさんではなく第三者の弁護士を成年後見人に選任しました。裁判所は、親族である後見人が横領等に及んだ事例が過去に多かったことから、多額の資産がある人の親族を後見人にしない方向性を打ち出していたのです。それをこの司法書士は考慮せず、説明もしませんでした。

そして成年後見人に選任された弁護士は、自身の知り合いの不動産業者に持ち家の売却を依頼してしまいました。したがって、Bさんが相談していた不動産業者は取引に関与できなかったのです。

このような成年後見人に関する失敗例は意外に多いと感じています。不動産業者にとっては、家庭裁判所がどのような場合に、どのような者を成年後見人に選任するのか、家族が成年後見人を担うにはどういう段取りを踏んだらいいか、をしっかり把握している弁護士と協業しなかったゆえの不幸といえます。

仮に弁護士と協業していれば、以下のようなスキームを提案していたはずです。

まずAさんの判断能力が落ちる前の段階で相談を受けていれば、任意後見契約か家族信託契約をお勧めします。任意後見契約とは、判断能力が落ちてしまったときに備えて、あらかじめ後見人になる者を指名しておく契約です。これを利用していれば家庭裁判所は、契約で指名した以外の者を後見人に選任することは原則としてできなくなります。

家族信託とは、判断能力が落ちてしまったときに備えて、指定した財産（Aさんの場合は自宅不動産）の管理処分権を指定した者へ託しておく制度です。これによって売買契約は、Aさんが託した受託者が締結できるようになります。

また、この事例のように想定外の人が成年後見人となってしまう危険性があっても対処法はあります。具体的には、弁護士が後見人に着任したうえで、後見制度支援信託または後見制度支援預金（家庭裁判所の許可がないと払い戻しができない預金）を利用します。家庭裁判所へこの制度の申し立てを行うことで、後見人になった弁護士は不動産を売却するなどして資産を現金化し、その現金を信託銀行などの金融機関に預けます。このようなスキームを受け入れることをあらかじめ家庭裁判所へ告知するなどの手順を踏めば、後見人を弁護士から親族へ交代することができるのです。

弁護士といった第三者の後見人が、親族ほどに本人を保護できるかというとそうではない事例も多々あります。そのような背景から成立したのが後見制度支援信託と支援預金というスキームになります。このスキームを利用したい場合、家族全員が事前の段取りについて合意している実態があれば選任された弁護士後見人は無視できなくなります。ですから、家族で不動産売却業務のイニシアティブを取りたいのであれば、後見申し立て前から準備をしておく必要があります。また、適切な準備ができていれば後見人の人選もある程度コントロールできるようになります。

協業する3つのメリット

それではここで不動産業者と弁護士が協業する具体的なメリットを整理しておきたいと思います。おもなメリットは、次の3つになります。

メリット① 「価値を付けられなかった不動産に価値を付けることができる」

不動産のなかにはさまざまな法律的障害により、そのままでは買い手が見つからない、つまり価値がゼロになっているものも珍しくありません。例えば市場価格が数億円するようなマンションを売りたいという人がいても、所有者がその人の認知症の父親だったり、担保が設定されているなど権利の面で問題がある場合は、不動産業者としてはどうすることもできないのです。

しかし弁護士と協業することで、そのような障害を取り除いて市場価格と同等の価値の不動産に仕上げることができます。

メリット②「不動産取引の範囲を広げることができる」

今まで価値を付けられなかった不動産に価値を付けられるようになるということは、取り扱いのできる不動産取引の範囲を広げられるということです。また、協業に慣れてくれば、それまで「商売にならない」と目に入らなかった物件もターゲットとして見つけられるようになるので、さらに取引数を増やすことができます。

メリット③「お互いの得意分野に関する相談相手ができる」

これはあくまで繰り返し協業を成功させて人間関係が出来上がってからの話ですが、弁護士はプライベートなことも含めて協業以外の法律に関する相談相手にもなり得ます（顧問契約含む）。また、何度も協業していれば不動産業者ごとの得意分野が分かるので、弁護士のほうから協業の相談をすることもあります。

不動産業者が弁護士と協業するおもなメリットは以上の3つです。

協業を成功させるうえで忘れてはいけない5つのポイント

不動産業者は、弁護士と協業することで仕事の幅が広がり、利益を増加させることができます。これと顧客の利益は比例関係にありますから、結果的に「三方良し」となります。

ただし、やみくもに弁護士と組むのは良くありません。私は今までの経験から協業を成功させるには、お互いに次の5つのポイントを理解しておくことが重要だと考えています。

ポイント①「餅は餅屋であることを意識する」

不動産業者にとって法律は専門ではありませんし、弁護士にとって不動産は専門ではありません。やはり「餅は餅屋」です。専門家の経験や知識に対するリスペクトを意識しないとトラブルの基となります。

不動産業者のなかには、経験の浅い弁護士よりも法律に関する知識や経験が豊富な人もいます。このような場合、弁護士に対して法律的な提案を押し付けてくるケースもありますが、それで良い関係を築けるとは思えません。あくまで経験談を語る程度にとどめておくべきです。

また、まれにですが弁護士を通さず直接顧客に「この方法で裁判をしたら勝てますよ」といった提案をするケースがあります。しかし、このような行為は厳禁です。その言葉がきっかけで訴訟を起こして負けても不動産業者は責任を負えません。そもそも弁護士資格をもたない人が、報酬を得る目的で訴訟の手伝いをすると弁護士法72条違反になる可能性があります。

一方で弁護士のなかにも、「この不動産の価格はこんなに安くないはずだ」「残置物処理費用をもっと安くできる業者を知っている」などと不動産に関する意見を押し付けてくる人がいます。

しかし、不動産業者が専門的な知見をもって出した回答について弁護士が意見することは良い結果を生みません。仮に価格についてであれば、裁判で価格の不当性が論点になった判例など法曹関係者ならではの見方を説明するにとどめるべきです。

ただし、お互いの専門領域に関する見解は臆せず意見を交わすことは重要です。要するに各自の分野の役割を果たすことが協業の大前提なのです。

ポイント②「ハードルの高低をうまく利用する」

「弁護士と話をするのはハードルが高い」と、不動産業者、顧客問わず誰からもよく言われます。「難しい言葉で説明する」「少し相談しただけで費用を支払うことになる」といったイメージがあるからです。

一方で顧客にとって不動産業者の多くは、弁護士に比べれば相談しやすい相手であるはずです。したがって顧客に対する意思の疎通のしやすさという意味では不動産業者のほうが有利です。ですから、協業を行うに当たってこのハードルの高低を利用しない手はありません。基本的に顧客との窓口は、不動産業者が担ったほうがスムーズに進みます。

ただし、法律に関することは別です。不動産業者のなかには、正しい法律知識や経験をもち、それらに基づく今後の見通しをきちんと説明できる人もいます。しかし、顧客の立場からすれば、そのような法律知識や経験の裏付けは分からないので納得できないかもしれません。それゆえ、たとえ同じ回答になったとしても顧客の納得のためにあえてハードルの高い弁護士から回答することも必要となります。

このようにハードルの高低は、場面に応じて長所にも短所にもなり得ます。そのことをお互いに理解し、うまく利用するのが協業を成功させる秘訣です。

不動産業者のなかには、あらかじめ法律的な見通しを顧客に話したうえで、あえて弁護士との面談もセッティングし、自身の見通しが正しかったことを裏付けて信頼関係を強化し、不動産の処分や管理の受託につなげる人もいます。

ポイント③「情報共有と合意形成を怠らない」

協業を成功させるには顧客、不動産業者、弁護士の3者がチームであることを全員で意識しつつ情報を共有し、合意形成をしながら問題の解決を図っていくことが必要です。

特に専門知識を用いて業務を遂行する不動産業者と弁護士との間の情報共有は重要です。ありがちな失敗事例としてこういう話があります。Aさんは建物の所有者で、土地を地主のBさんから借りています。ある日、AさんはBさんへ借地権の買取りを依頼しましたがBさんがそれを拒否したため、ある不動産業者に相談したところ借地権を買い取ってくれるというCさんを紹介してくれました。しかし、Bさんはその譲渡も承諾してくれません。そこでAさんは弁護士に相談したところ、その弁護士の働きによってAさんはBさんの承諾に代わる許可（借地非訟制度）を裁判所から得ることができました。これでCさんへ借地権を売却できます。

しかし、ここで問題が発生します。Cさんは当初、ローンを利用して資金を調達しようと考えていましたが、地主が売却を承諾していない物件に対して融資をする金融機関は基本的にありません。結局、Cさんは友人、知人からお金を借りて現金で支払うことになりました。さらに今後Cさんがこの借地権を売却するときも、同様に融資を利用せずに買える人を探さなければならなくなります。

この場合、不動産業者は地主の承諾がなければ融資を受けられないことを知っていたはずです。それなのに弁護士へ伝えていなかったという失敗事例です。

顧客に関する情報共有については、個人情報保護の観点から顧客の同意が必要になります。しかしながら、場合によっては不動産業者から弁護士に、または逆方向に話してほしくないと言われる情報もあります。例えば私は顧客から「この問題が解決したら一般媒介契約にするつもりだけど不動産業者には言わないでほしい」と頼まれたことがあります。

そのような情報の有無を確認し、あれば例外的に共有しないように配慮することも重要です。

また、すべての情報共有を拒否する顧客もいないわけではありません。このような場合は、顧客に対して情報共有の必要性を丁寧に説明し、粘り強く同意を求める必要があります。

ポイント④「お互いを顧客としない」

私が重要視している協業における基本的な考えに「お互いを顧客としない」というものがあります。よほど人間関係が出来上がっていない限り協業相手に自分の商品やサービスを販売することは協業の妨げになります。お互いが仕事の発注者と受注者という関係になってしまうと、やがて相手から仕事が得られないことが不満となり、ぎくしゃくとした関係になるからです。これはお互いが自分の利害を優先する交渉相手になってしまうので、やむを得ない構図だと思います。

ですから、円満な協業を続けたいなら、あくまでも両者が共通の顧客の利益を追求するべきです。共通の顧客に対して同じ目的をもつことで、スムーズに協力体制を築くことができます。

また、そのような協力体制を続けていけば、普段は見ることができない仕事人としての姿、例えば仕事のやり方、顧客に対する対応、本音と建前の使い分け、スピード感などが垣間見えるようになり、さらなる信頼関係の強化にもつながります。

私の経験上、優れた仕事人としての姿を見ることができた場合は、改めて別の不動産取引の協力をお願いしたいと思うこともあります。

具体的には、擁壁に関する問題、残置物の処理、隣人への対応など得意分野を把握できれば、それに応じてより依頼がしやすくなります。

ポイント⑤「お互いの分野の最低限の知識を身につける」

「餅は餅屋」なので、不動産の専門家が法律のことをしゃかりきになって勉強する必要はまったくありません。

しかし、打ち合わせの際にお互いの言っていることがよく理解できないのは困りますし、新規案件を発見してくるうえでもお互いの分野の最低限の知識を身につけておかなければ、声をかけるきっかけにすらなりません。ある程度の知識があれば、新規開拓をしている際に「この顧客の問題に関しては弁護士に相談すればなんとかなりそうだ」と勘を働かせることができるからです。

不動産業者にとって最低限身につけたい法律知識には次のようなものがあります。

●相続

相続問題の多くは不動産が絡みます。総務省の2019年全国家計構造調査によると、80歳以上の世帯主の平均資産額は4386万円で、そのうち自宅などの不動産が65・3％（2863・4万円）も占めているからです。

不動産の相続でもめるのは億単位の資産をもつ富裕層だけ、と思われるかもしれませんが、そうでもありません。令和元年度司法統計を確認すると、裁判所にもち込まれた遺産分割トラブルで調停成立となった年間件数のうち、5000万円以下が76・7％、1000万円以下でも33・8％を占めています。つまり、一般的な家庭でも不動産を巡る遺産相続問題が数多く発生しているのです。

これらのことから、不動産業者としても相続に関してある程度知識が必要だということが分かります。

相続とは、被相続人（亡くなった人）が所有していた不動産、預貯金などの財産や権利義務を引き継ぐことです。これには借金や損害賠償責任などのマイナスの財産も含みます。

相続は、被相続人が亡くなった日から開始します。その日から相続財産の所有権は、法定相続人へ移行するのです。法定相続人は、民法で配偶者、子ども、両親、兄弟姉妹などに限られており、その順位や相続割合（法定相続分）も定められています。

順位に関しては、配偶者は常に法定相続人となり、子どもが第1順位、父母が第2順位、兄弟姉妹が第3順位となります。例えば亡くなった人に配偶者と子どもがいれば両者で財産を分け合い、子どもがいなければ配偶者と父母で分け合います。

相続割合は、配偶者と子どもの場合ならば、それぞれ2分の1ずつになります。その際、子どもが複数いた場合は、その2分の1を人数で割ります。配偶者と父母の場合は、配偶者が3分の2で父母は3分の1、配偶者と兄弟姉妹の場合は、配偶者が4分の3で兄弟姉妹は4分の1になります。兄弟姉妹が複数いる場合は、子どものときと同様に人数で割ります。

ただし、相続財産は相続が開始された時点でいったん法定相続人全員の共有名義になります。法定相続分は、あくまで基本的な権利であり、実際は法定相続人同士の話し合い（遺産分割協議）によって相続割合が確定されます。

この際、被相続人の遺言書があり、そこに相続割合や法定相続人以外の人への財産引き渡し（遺贈）などが記されていれば、基本的にそれに従います。しかし、「配偶者にはまったく譲らない」などと法定相続分を大きく下回る額が書かれており、それを不服とする場合は、遺留分だけを取得することも認められています。

遺留分とは、法定相続人が必ず相続できる額で、法定相続分の2分の1となります。例えば法定相続人が配偶者と子ども1人だった場合、子どもの遺留分は4分の1です。

相続に関してぜひ覚えていただきたいのは、「相続財産は相続が開始した時点でいったん法定相続人全員の共有名義になる」ということです。つまり、不動産の場合も共有名義になるのです。しかも不動産は、物理的に分けることが困難なため、共有名義のまま放置し、何年も経ってから長男は売りたい、二男は売りたくない、といったトラブルが発生しがちです。

●後見人

後見人とは、判断能力が十分でない人の後ろ盾となって支援をする者を指します。未成年の子に対する親の立場に似ています。そのなかでも不動産取引に関連するのは、ほとんどが認知症や心身の障害などによって判断能力が不十分と判断される人を支援する成年後見制度を利用する場合です。

成年後見制度には、任意後見と法定後見の2種類があります。任意後見は本人がまだ元気なうちに、判断能力が低下した際の不動産売買を含む財産管理や介護サービスを受ける施設の入所手続きなどをしてもらう後見人（受任者）と契約をしておく制度です。したがって、誰を後見人にするのか、その人への依頼内容はすべて本人が決定することができます。

任意後見人の対象となるのは、家族や親族、友人、弁護士といった個人だけでなく、法人も可能です。

この契約は、本人と任意後見受任者の両者が公証役場で公正証書を作成することで成立します。

法定後見は、本人の判断能力が不十分になったあとに家庭裁判所へ申し立てることで成立する制度です。申し立てができるのは、本人、配偶者、四親等以内の親族、検察官、市町村長などです。

この制度は、支援の必要度に応じて「後見」「保佐」「補助」の3つの類型が用意されています。

「後見」は、日常の買い物がまったくできない場合に適用されます。そのため後見人には、財産管理やさまざまな契約などの法律行為を被後見人（本人）に代わって行う代理権や本人の法律行為を取り消せる取消権が与えられます。

「保佐」は、日常の買い物はできるが不動産など高額商品の売買契約には支援が必要といった場合に適用されます。保佐人には申請した範囲のみ代理権が付与され、不動産取引などの重大なものの同意権が与えられます。これは被保佐人が行う法律行為に保佐人が同意する権限です。同意をしないで行った契約などは保佐人が取り消しをすることができます。

「補助」は、ほかの2つよりも判断能力の低下が軽い場合に適用されます。補助人に最初から与えられた権限はありません。代理権、取消権、同意権などはその都度家庭裁判所へ申し立てをすることで与えられます。

法定後見人・保佐人・補助人の対象者は、任意後見人と同様に家族、親族、友人、弁護士といった個人と法人です。ただし、任意と違って本人ではなく家庭裁判所が選任するので、申立人が希望する候補者ではない人が選任されることもあります。特に親族が候補者で相続財産が高額なケースでは、希望が通らず家庭裁判所が選任した弁護士や司法書士になることが多々あります。その際、不服を申し立てることはできません。

●信託

信託とは、自分の財産を信頼できる人に託して希望の目的に沿って管理・運用してもらう制度です。この制度は、財産を預ける委託者、財産を預かる受託者（信託銀行等）、財産から生じる利益を得る受益者の３者で成り立ち、通常は委任者と受益者が同じになります。

信託できる財産は、現金や株式、不動産など金銭的に価値があるものであれば制限はありません。

信託銀行などの専門家に財産を信託すれば、より安心して財産を殖やしたり、守ったり、子どもに引き継いだりできます。

例えば信託する財産が賃貸住宅であれば、信託銀行等が入居者の募集から家賃の回収、クレーム対応、売却まで行います。そして、そこから生じた利益は受益者に渡されます。信託銀行などの受託者には、信託法などの法律によって厳しい義務等が課せられており、比較的安心して財産管理を任せることができます。ただし、資産運用を任せる場合の損失リスクはゼロではありません。

また、信託する相手を子どもや親族にすることも可能です（家族信託）。これによって不動産など財産の所有権を子どもに移して管理や売却の権限を与えつつ、そこからの利益は委託した者が得られるので贈与税などの課税を避けることができます。

家族信託のメリットは、ほかにも複数あります。まず魅力的なのは親が認知症などで判断能力が不十分になっても、子どもの裁量で財産を売却できることです。

また、信託は相続発生時も有効です。相続によって不動産が複数人の共有名義になった場合、売却するには全員の署名押印が必要になります。意見がまとまらなかったり、住所が全国に散らばっていると集めるのは大きな負担となります。ところがそのうちの1人が受託者になっていれば、その人だけの判断で売却することができます。売却益は受益者の相続人へ分配できます。

同じように認知症に備える方法として任意後見制度があります。しかしこちらは家族信託と違ってさまざまな制約があります。例えば裁判所が選任した監督人へ定期的に後見内容を報告する義務があり、合理的な理由がなければ不動産などの財産を売却することはできません。後見人の役割は基本的に財産の維持だからです。ですから、親の土地にアパートを建てるといった家族信託では可能な資産運用も難しくなる可能性があります。

ただし家族信託にもデメリットはあります。まず対象は、あくまでも手続きで対象とした財産に限られます。したがって、包括的な財産の管理を対象としたい場合は適切ではありません。また、税務やほかの推定相続人との合意形成の難しさといった問題もあります。

●旧借地法・借地借家法

土地を借りる場合、地主と借主の関係はどうしても前者のほうが強くなりがちです。そこで弱い立場の借主を保護するために制定されたのが借地法・借家法・借地借家法です。

同法が適用されるのは、建物を建てて所有するために土地を借りる場合です。したがって、土地を借りて駐車場や資材置き場として利用するようなケースでは適用外になります。

借地借家法に基づいて土地を借りると、借主は借地権を得ることになります。借地権には大きく分けると2種類あります。

一つは普通借地権です。この権利の契約期間は30年以上と定められていますが、借主が希望すれば更新も可能です。この際、地主側は正当な理由がない限り拒否できません。正当な理由に関しては、裁判所の判断に委ねられており、簡単には認められません。ここは借主が最も保護されている点です。

そしてこの借地権は、子どもへ相続することも可能なので、一度契約を結んでしまうと半永久的に地主へ土地が戻ってこないこともあり得ます。

もう一つは定期借地権です。こちらは最初から10年以上の契約期間を決めておくもので、基本的に更新はありません。契約満了後の土地は、一部を除き更地にして返還されます。以上のことから定期借地権は、店舗などの事業用地に適用されることが多くなっています。

なお、地主は契約期間中でも土地を売却することができます。その場合、新たな地主が立ち退きを求めても、建物を借主名義で登記していれば従う必要はありません。

一方で借地権も売却可能ですが、その際は地主の承諾が必須になります。承諾を得る際は、一般的に承諾料を支払うことになります。地主が承諾しないときには、借地非訟制度があります。

●非弁行為

非弁行為とは、弁護士法によって弁護士にのみ認められている行為を弁護士以外の人が行うことです。具体的な行為は弁護士法72条・73条・74条に定められています。

72条では、弁護士以外の者が仕事として法律事務を行い、報酬を得ることを禁止しています。法律事務とは示談交渉や訴訟代理などです。例えば不動産業者が顧客の交渉相手に対して「このまま裁判になれば負けますよ」といったように法律を武器に説得を試みるのは72条の違反になる可能性があります。同法に違反すると、2年以下の懲役または３００万円以下の罰金に処されます。

73条では、弁護士以外の者が譲り受けた権利を仕事として実行することを禁止しています。例えば不動産業者が賃借人と退去に関して揉めている物件を購入し、退去交渉を行うと73条違反になる可能性があります。同法に違反すると72条と同様に2年以下の懲役または３００万円以下の罰金に処されることになります。

74条では、弁護士以外の者が利益を得る目的で弁護士であるかのような標示または記載をすることを禁止しています。したがって、不動産業者が名刺に「法律相談も承ります」といった表示をしてはいけないことになります。同法に違反すると、１００万円以下の罰金に処されることになります。

このように自分としては何げなく発した言葉や行動が非弁行為になる可能性も少なからずあります。ですから、「これは法律に関係するな」と気づいた時点で、すぐに弁護士に相談することが得策といえます。

私は不動産業者の人たちと協業する際、これら5つのポイントを忘れないように肝に銘じています。

信頼できる弁護士と出会う方法

ここまで読んで、「協業したくても知り合いに弁護士はいない」という人も多いかと思います。だからといってインターネットで検索するのはお勧めしません。今はネット時代ですから、「弁護士　不動産」といったキーワードで検索すれば、いくらでも不動産問題が得意そうな弁護士が見つかります。

しかしながら、不動産に絡む法律問題の金額は平均で数千万円、高ければ数億円になります。深く知らない弁護士に相談するのは不安だと思います。実際に私と協業する新規の不動産業者の人たちも、ネットで知り合ったケースはほとんどありません。だいたいが顧問先などこれまで協業したことのある人からの紹介です。仮に弁護士と顧問契約をしていなくても、弁護士へ依頼した経験のある知り合いの同業者はいるはずです。そのような人は、協業している弁護士の実力をよく知っています。そのうえで紹介してくれるのであれば安心して相談できるはずです。

また、各種団体の交流会に積極的に参加して弁護士と知り合うという方法もあります。

私もこのような機会で不動産業者と出会い、お互いの得意分野をよく話し合ったうえで協業に結び付いた経験があります。

交流会というほど大規模でなくても、個人的なお付き合いで不動産業者と弁護士が酒席や食事、ゴルフなどの趣味をともにすることは珍しくありません。同業者にそのような機会があれば声を掛けてもらえるように頼んでおくのも一つの方法だと思います。

[Part 2]

不動産業者が弁護士との協業により売買取引を実現させた成功事例

それでは実際に不動産業者と弁護士が協業することで、顧客も含めて「三方良し」となった事例を紹介します。構成としては、「ワケあり相続物件」「借地・借家権」など8つのテーマに分けています。もちろん、最初から読んで「どのようなケースで協業するのが有効なのか」の全体像をつかんでいただきたいのですが、今現在自分が困っている案件があるのならば、それに近いテーマの事例からページを開くのもいいと思います。

成功事例1　ワケあり相続物件を売却する

共有不動産を入札によって売却する

Aさん：独身で死亡（子どもなし）　B・C・Dさん：兄・姉・妹

Aさんの遺産のほとんどは、都内のマンションや郊外の一戸建てなどの不動産でした。預貯金は少なく、逆にカードローンなどの負債が300万円程度ありました。なお、住宅ローンに関しては、団体信用生命保険によってゼロになりました。

この状態でB・C・Dさんの3名で遺産分割協議が開始されました。しかし、不動産の

〈共有不動産を入札によって売却する〉

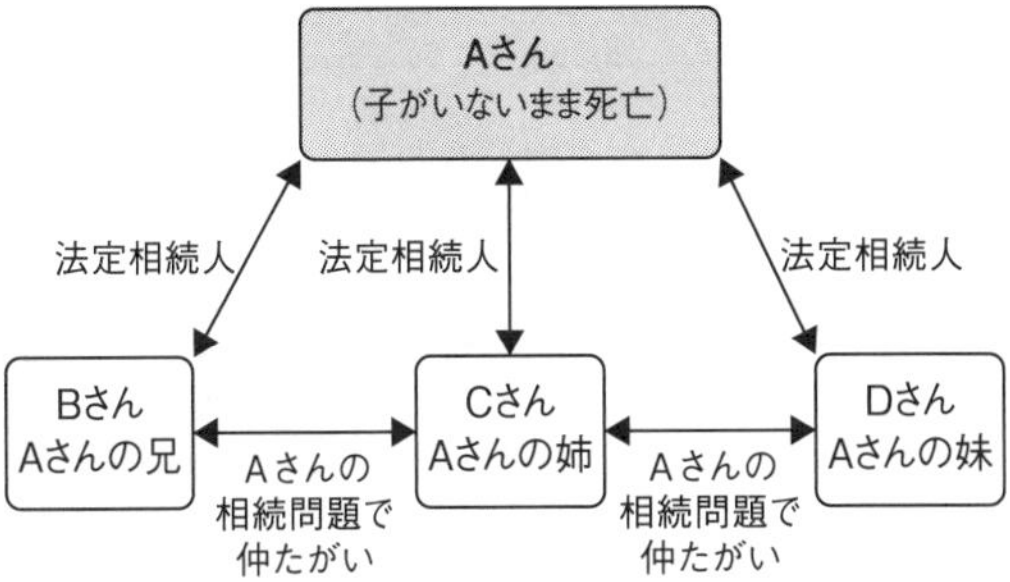

処分方法について意見がなかなか一致しません。B・C・Dさんのそれぞれが自分の知り合いの不動産業者に売却の媒介契約をお願いしたいというのです。そして、そのうちのある業者から購入申込書が提出された際は、すぐに別の業者からそれよりも少し高い金額で申込書が提出されるといった殺伐とした状況になっていきました。

このまま協議が一向に進まない状態で1年が経過しました。これではらちが明かないと考えたBさんは、自分の知り合いの不動産業者に「CとDを説得してほしい」と懇願しました。

仕方なくその業者は2人に対して説得を試みましたが、やはりそれぞれ自分の不動産業者に頼みたい意向があり、媒介契約を締結するには至りませんでした。

相続不動産や共有不動産の場合、名義人全員の同意がなければ媒介契約は締結できません。このように主導権を取り合って、契約内容の交渉に入る前の段階で話がこじれる例はままあります。

そこでBさんの不動産業者は、普段から付き合いのある弁護士へ相談しました。すると弁護士は入札方式による不動産売却を提案しました。つまり、B・C・Dさんが、各自で不動産業者に入札を依頼して、最も良い条件の買主に売却する方式です。その際、B・C・Dさん自身が買主として入札することも可能としました。

入札では開札後の取扱いに関する事前の取り決めが重要になります。例えばBさんが連れてきた業者が最良の条件で入札したとしても、Cさんの業者がそれよりも10万円上乗せする、などと言い始めたら終わりが見えず、ほかの入札者にも失礼です。また、瑕疵《かし》担保責任や測量などの条件がそれぞれの入札者でばらばらだと、何をもって最良の条件とするのかが不明確になってしまいます。

そこで弁護士が入札の取り決めをつくり、主催者として行うようにしました。弁護士が日時場所を指定し、その時刻、その場所で最良の条件で入札した者が売買契約を締結することを約束する入札合意書を作成してB・C・Dさんにそれぞれ署名押印をしてもらったのです。

入札合意書は、瑕疵担保責任を免除すること（ただし心理的瑕疵はないことを保証すること）、建物内残置物は売主が撤去すること、宅地については確定測量と境界確認を必要とすること、などを骨子としました。

そして売主に仲介手数料を求める場合は、その額を入札金額から差し引いたあとで最も高い入札を最良の条件とすると定義しました。これは共有の相手方が推挙する不動産業者が仲介業者だった場合に有効です。

また、売主のいずれかが最良の条件の買主と売買契約を締結しない場合は、入札価格の2割を違約金としてほかの売主に支払うことも明記し、入札後に必ず売買契約が締結できるようにしました。

仲介手数料に関してもう少し詳しく説明します。落札した不動産業者（仲介業者）から売主が仲介手数料の支払いを求められるのであれば、それだけB・C・Dさんの取り分は減ることになります。ですから、その分を入札価格から差し引いて比べることにしているのです。仲介業者の立場で入札に参加する場合、入札価格に自信があれば仲介手数料の満額を求めればいいですし、自信がなければ売主からの仲介手数料はゼロとして買主だけから仲介手数料を受け取ることもできます。

開札は、B・C・Dさんの立会いのもと、主催者である弁護士事務所にて行いました。その際、入札は封印し主催者の手によって開封します。そして弁護士が入札金額を見たうえで、最高額が入札条件を満たしているかどうか確認します。以前には、最高額で入札したのに瑕疵担保責任の免除を「建物」だけに限っており、「土地」は引き渡しから3カ月を担保責任の存続期間としていたため失格になったケースもありました。

このような過程を経て、Aさんの不動産はBさんが連れてきた不動産業者に売却することができました。

複数の相続人を単独にして納税額をゼロに

Aさん：母　Bさん：長女（結婚して独立）　Cさん：二女（母と同居）

Aさんが亡くなり相続を開始しました。Aさんの夫はすでに亡くなっているため、相続

〈複数の相続人を単独にして納税額をゼロに〉

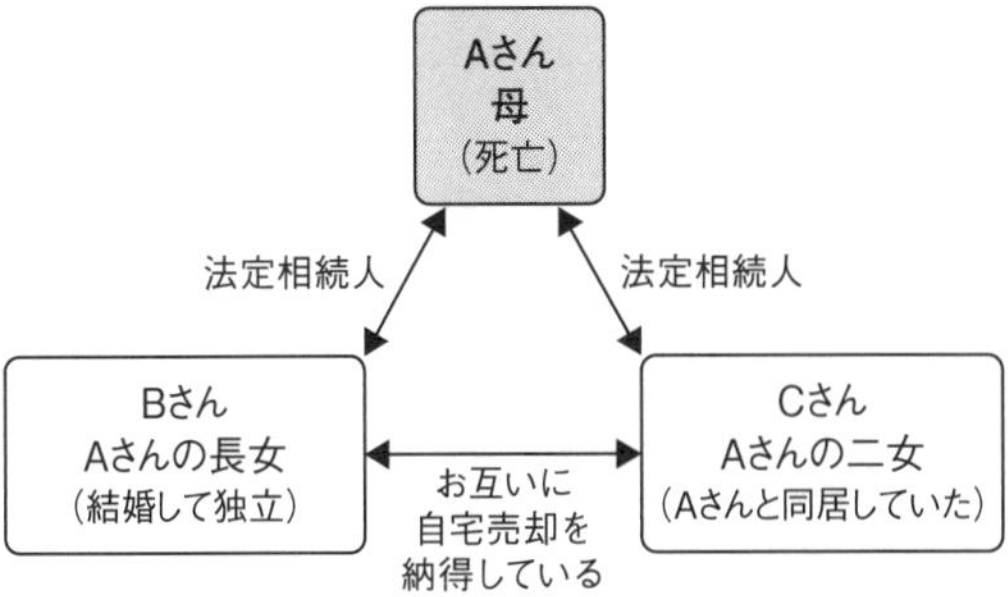

人はＢさんとＣさんだけです。遺産は、ＡさんとＣさんが住んでいた自宅不動産しかありません。２人は話し合い、揉めたくないので自宅を売ってそこで得たお金を折半しようということになりました。そこで近所の不動産業者に相談することにしました。

相談を受けた不動産業者は、相続税のことで悩んでしまいました。その不動産はＢ・Ｃさんの祖父が取得したもので取得価格は分かりません。この場合、売却価格におおむね20％の課税がされます。自宅不動産は３０００万円で売れそうなので６００万円ほどの納税が必要になるようです。この話を姉妹にすると、なんとか節税してほしいとお願いされてしまったのです。

困ってしまった不動産業者は、「とにかくなんとかしてくれるだろう」という感覚で懇意にしている弁護士に相談しました。

弁護士は、「節税できる制度があるはず」と直感しましたが、税金関係は専門外です。そのため、普段から協業をしている税理士に確認しました。すると税理士は、居住用の不動産を売却した場合は売却益3000万円までは課税されない特例があること（居住用財産の特別控除）、同居中の人が土地を相続した場合は相続税の節税ができること（小規模宅地等の特例）、両方とも申告をしなければ適用されないことを説明してくれました。

そこで弁護士は次の提案をしました。自宅不動産についてはCさんのみが取得すること、そして仲介手数料などの売却諸経費を控除した売却益を算出し、その半額に相当する金員をBさんに支払うという遺産分割協議をすることです。これを代償分割といい、支払うお金のことを代償金と呼びます。

今回の事例の場合は、そもそも売却益が3000万円以下なので、居住用財産の特別控除のみを申告することで相続税の納税額をゼロにすることができました。

また結局自宅不動産もしばらくあとに売却することとなりましたが、Cさんのみが相続していたため不動産業者としては業務が簡便になりました。

さて、これらの特例について説明しておきましょう。通常、遺産の額が３０００万円＋相続人の数×６００万円を超える場合は、相続税の納付が必要になります。また購入時の価格と売却時の価格の差については、所得税の納付が必要になります。

しかしまず、居住用財産の特例には、３０００万円の特別控除と10年所有の軽減税率があります。前者は譲渡益のうち３０００万円まで控除できる、後者は10年以上所有した居住用の不動産であれば通常約20％の税率が約14％となるというものです。例えば自宅不動産の売却益が５０００万円として両方が適用されれば３０００万円を控除した２０００万円に対する約14％、つまり約２８０万円の納税で済むことになります。これらの特例が利用できない場合は、５０００万円に対して約１０００万円の納税が必要になりますから納税効果は極めて高いものといえます。

次に小規模宅地等の特例に関してですが、これは相続人である親族が被相続人と同居をしていれば土地の評価額を最大80％減額できるという制度です。具体的には相続税申告期限まで住居を所有し、居住していなければなりません。ただし、やむを得ず単身赴任していた、被相続人に介護が必要で老人ホームなどの施設に入居していた、といった場合は同居とみなされます。

また、代償分割という方法を選択すると、この事例のように売却手続きが1人だけで済みます。特に相続人が多数になるときはこの方法が便利です。ただし、売却後にCさんがBさんにきちんと代償金を支払うという約束を果たすかどうかを担保するためにも弁護士などの専門家が関与するのが得策です。

限定承認によって先祖から引き継いだ不動産を維持

Aさん：先祖代々の不動産に住んでいる男性　Bさん：妻　Cさん：息子

Aさんは、先祖代々所有していた自宅不動産を引き継いでBさん・Cさんと同居していました。その価値は約5000万円です。

そしてAさんは、数年前に廃業した会社の連帯保証人になっており、自宅不動産も抵当に入っていました。毎月少しずつ返済に充てていたのですが、残債務約1億円の時点で亡くなってしまいました。

Bさんは、「先祖代々の不動産を手放してはならない。この不動産は自分が買おう」と

〈限定承認によって先祖から引き継いだ不動産を維持〉

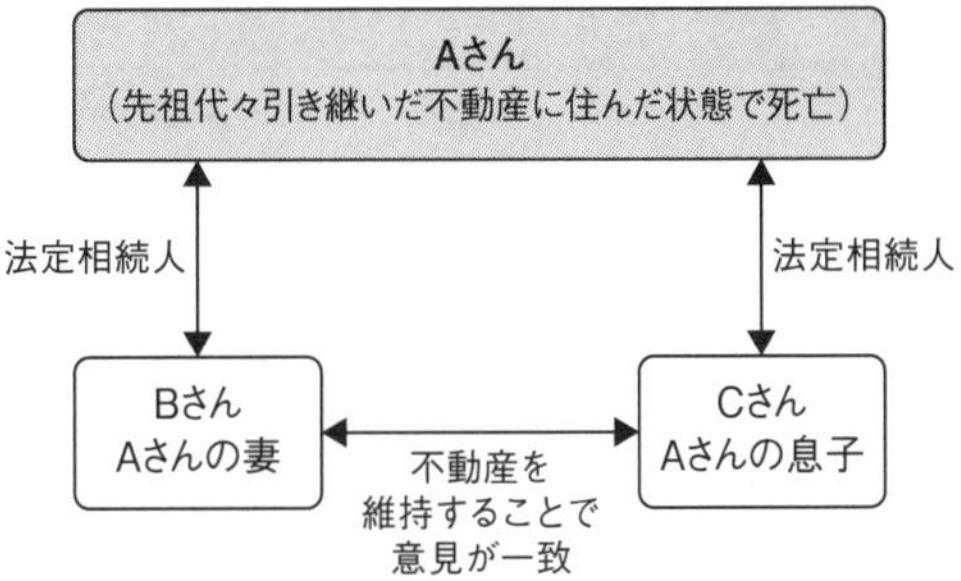

考えました。幸い親から相続した預金が７０００万円ほどあったので、それを利用しようと不動産業者へ相談することにしました。しかしながら不動産業者としては、抵当権が絡む話はハードルが高く単独の力で対応できません。そのため、知り合いの弁護士へ協業を依頼しました。

弁護士が考えた選択肢は大きく３つです。①そのまま相続をしてBさんが自らの資産で相続したAさんの負債を返済する方法、②相続放棄をして相続人不存在の状況をつくり出したうえで着任した相続財産管理人からBさんが自らの資金で自宅不動産を買い取る方法、③限定承認をしてからBさんが自らの資金で自宅不動産を買い取る方法です。③にも幾つかのパターンが考えられますが、今回はBさんが相続放棄し、Cさんが限定承認をして相続財産管理人に着任するパターンを検討します。

まず、①のそのまま相続する方法についてです。これはシンプルですが、BさんはAさんの負債をすべて相続することで、5000万円の不動産を守るために残債務1億円を支払うことになるため合理的でありません。

次に②の相続放棄をする方法です。これは家庭裁判所が第三者の弁護士等を相続財産管理人に選任する例が多く、Bさんがうまく自宅不動産を譲り受けられる可能性もそれなりにあります。しかし入札や競売などの手法を採られてしまうこともあるので確実性が高いとはいえません。さらに裁判所への予納金（手続き費用）が100万円程度かかるという不利益もあります。

そこで③の限定承認という方法です。これは相続する債務を相続した資産の範囲で支払えばよく、残余の債務を支払う必要がなくなるというものです。つまり、今回の場合は相続財産が5000万円なので、5000万円だけ返済すればその他の債務を支払う必要はなくなります。

この場合は、限定承認をした相続人また相続人が複数いるときは家庭裁判所に選任された相続財産管理人が、相続資産の換価（換金）と相続債務の返済を担うことになります。相続財産管理人は「相続人のなかから」選ばれることになります（民法936条1項）。ただし、相続人が複数いるときは1人だけ限定承認することはできません。すべての相続人が限定承認しなければならないとされています（民法923条）。

そこで本件ではBさんが相続放棄することで、Cさんのみが限定承認できるようにしました。そのためCさんが相続財産の管理処分権を有することとなります。これによってBさんは、Cさんから自宅不動産を適正価格（本件では5000万円）で取得することが可能になります。

この限定承認の手続きについては、法務・登記・税務の各面でかなり複雑な検討が必要になるので詳しく説明しておきます。

法務面としてはまず、相続開始があったことを知ったときから3カ月以内に家庭裁判所に申述するところから始まります（民法924条・915条1項）。

申述は相続放棄をした相続人以外は全員で共同して行う必要があります（民法923条）。相続人が複数の場合には、家庭裁判所によりそのなかから相続財産管理人が選任されます（民法936条1項）。そして相続財産管理人は選任の日から10日以内に、限定承認者が1人の場合には限定承認をした日から5日以内に、相続債権者等へ債権等の請求を申し出るよう官報（国が発行する新聞のようなもの）に公告して2カ月以上待ちます（民法936条3項・927条1項）。

そして2カ月以上経過したら、相続債務の弁済（返済）に必要だとして不動産等の相続財産を換価（換金）します（民法932条）。その後、換価代金を申し出のあった債権額に応じて按分弁済して終了となります（民法929条）。

この民法932条には、「弁済をするにつき相続財産を売却する必要があるときは、限定承認者は、これを競売に付さなければならない。ただし、家庭裁判所が選任した鑑定人の評価に従い相続財産の全部又は一部の価額を弁済して、その競売を止めることができる」としか書かれていません。しかし任意売却により換価することも可能と解釈されています。

今回のケースの場合、限定承認者としては①競売②価格弁済③任意売却の3つの手法を採ることができます。とはいえ、①競売は落札価格が適正価格を下回ることがほとんどで、そもそもBさんが相談した不動産業者が落札できるとは限らないため採用できません。そのため②と③について説明します。

②価格弁済の手続きは、家庭裁判所が選任した鑑定人が不動産の評価額を算出し、限定承認者が自らの財産でその評価額を支払って不動産の所有権を取得できるというものです。今回のケースでは、限定承認したCさんのみがこの手続きを行うことができるのでBさん（相続放棄したので価格弁済ができない）がCさんに資金援助をしてCさんが自宅不動産を取得することになります。

③任意売却の手続きは、不当に安く売却したとされると、債権者等から損害賠償請求を受けること、相続を単純承認したとみなされ限定承認手続きが無効になってしまう可能性があること、などから価格については相当注意して設定する必要があります。

前述の価格弁済の手続きのなかで鑑定人に評価をしてもらい、その価格で任意売却を実行する手法が最も安全です。これは途中まで②の手続きで進め、最後は③の手続きをするというハイブリッド方式です。

続いて登記面についてです。③任意売却の手続きでは、不動産以外の財産は売却すれば済むのですが、不動産の場合は限定承認者または複数のときはその相続財産管理人が任意売却をしても登記はできません。法務局は、それらの人からの売買を原因とする所有権移転登記の申請は受け付けないとされているからです（雑誌「登記研究591」より）。

そのため仮に売却資金を支払うBさんの名義にしたい場合は、②価格弁済の手続きによっていったん限定承認者のCさんが取得し、その後CさんからBさんへと同額で売却して同時に登記申請するという手法を採ることになります。

前提として限定承認をした場合、不動産登記は相続人全員が法定相続分で相続した形で行われます。しかし今回は、Bさんが相続放棄をしているのでCさんだけの名義となります。そのうえでの②価格弁済の手続きは、取得する限定承認者と相続債権者等のために財産を管理する限定承認者または相続財産管理人との間で行うことになりますから、登記申請もこの2人で共同申請します。

今回の場合は、いずれもCさんになるので分かりにくいのですが、Cさんは異なる立場で手続きを行うことになります。

また、②価格弁済の手続きを踏まずに③任意売却のみを行う場合は、前述のとおり法務局が登記申請を受け付けてくれません。そのため、限定承認者またはその相続財産管理人の立場ではなく、相続登記をされた相続人の立場で登記申請せざるを得ないことになりますが、これをやってしまうと相続を承認したという疑義が生じることになり、限定承認をした意味がなくなってしまいます。そのため、価格弁済をして取得した者から転売を受けるという手法が最も安全になります。

このようなことから、本件では②価格弁済という手法を採用したうえで、Bさんは無事にAさんの自宅不動産を維持することができました。

なお税務面としては、限定承認を選択するとその後の納税手続きが大変です。限定承認をした者は、相続開始を知ってから4カ月以内に準確定申告をする必要があります。これは、亡くなった人の生前の所得に対する確定申告です。被相続人は死亡しているため住民税はなく、みなし譲渡所得税（被相続人から相続人へ時価で譲渡したとみなされて課税される税）は約15％となります。

この4カ月という期間が、限定承認を使いづらくさせているいちばんの理由です。なぜなら限定承認をするか否かを検討するケースでは、遺産のプラスとマイナスが均衡していることが多く、加えて遺産に不動産がある場合は、実際にいくらの値段が付くかという不確定な要素もあるため、4カ月以内だと判断できないことがあるからです。

また、相続放棄の家庭裁判所への申述は、相続開始を知ったときから3カ月以内にしなければならないとなっていますが、申し立てを行うことで期間の延長が可能になります。一方で準確定申告の期限は、延長することが認められていません。

気になる節税に関してですが、被相続人から相続人へ譲渡したことになるので、居住用財産の特例（3000万円の特別控除など）は適用されません。ですから、例えば遺産が不動産3000万円、負債2500万円というときには、限定承認ですと譲渡所得約450万円が加算され（負債2500万円を支払うと手残りがほとんどない）、単純承認ですと加算されない（負債2500万円を支払うだけでよく手残り500万円となる）ので、単純承認をしたほうが得ということになります。

とはいえ、みなし譲渡所得税は被相続人の負債として扱われるので、限定承認をすれば相続財産の限度で納付すればよく、相続人自身の財産で納付する必要はありません。

ポイントとしては、価格弁済をして不動産を取得する前に、相続開始を知ってから4カ月以内に準確定申告をして不動産のみなし譲渡所得税を納税しなければならないところと、その時点で相続人の固有財産から納税しなければならないというところです。

このように限定承認の手続きはさまざまな点で複雑なので、弁護士だけでなく税理士との協業も必要になります。

遺言書で弁護士を指定して円満相続

Aさん：母　Bさん：長女（独立）

Cさん：二女（無職で母と同居。Bさんとの仲が悪い）

Aさんの遺産は、Aさん名義の自宅不動産（評価約8000万円）と預貯金300万円程度です。彼女は自分が死亡したあと、BさんとCさんが遺産争いをしないように自宅不動産を売却して現金を折半させたいと思っています。また、周囲の人の迷惑にならないように葬儀費用や最期のときの病院代の用意、固定資産税など税金の滞納がない状態にすることも希望していました。

〈遺言書で弁護士を指定して円満相続〉

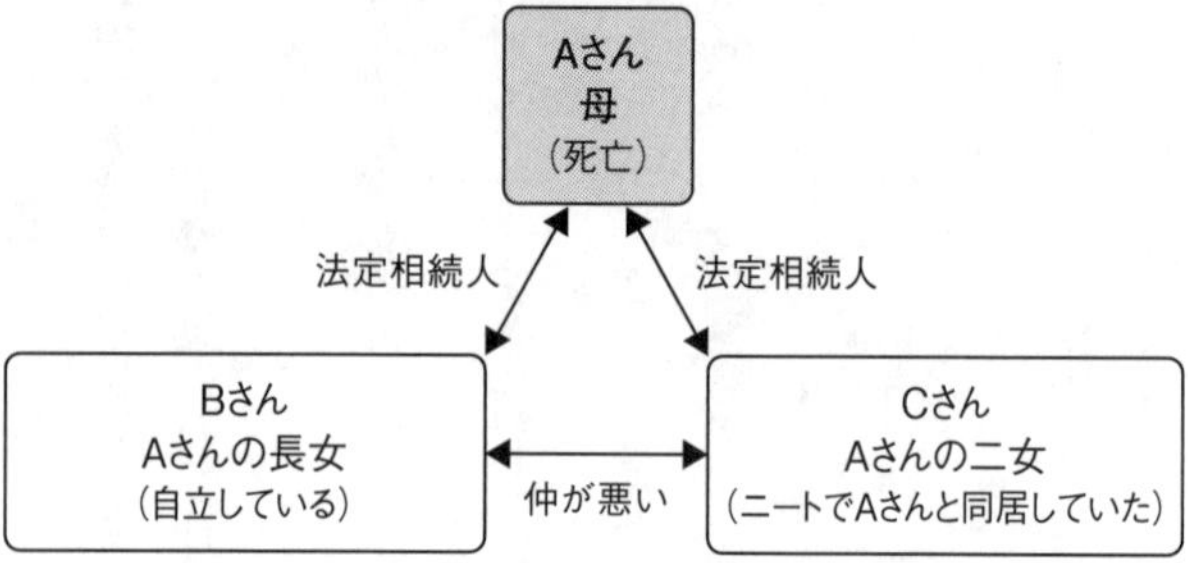

そこでAさんは、懇意にしていた不動産業者へ不動産の処分と遺言を作るための行政書士の紹介を依頼しました。

相談を受けた不動産業者は、さっそく付き合いのある行政書士に頼んで負債や換価費用を控除したうえで売却金を分配する内容の遺言書、いわゆる清算型遺言を作ってもらうことにしました。

ここで問題視されたのが、実際にこの不動産を売却する段階でそこに住んでいるCさんが引っ越しに応じてくれないのではないか、ということです。素直に提案を聞き入れてくれればいいのですが、それを拒んだ場合には訴訟等も検討しなければなりません。

そのため行政書士は、万一の訴訟等に備えて遺言執行者として知り合いの弁護士を指定することにしました。遺言執行者を弁護士にする意味は、交渉に応じなければ訴訟になり、強制的に立ち退きをさせられる結果となることを相手に予測させて交渉に応じる可能性を高めることです。

本件でもAさんが亡くなったあと、予想どおりCさんは引っ越しを拒みました。しかし、遺言執行者である弁護士から内容証明郵便により提訴予告通知をしたところ、半年ほど時間がかかりましたが明渡しに応じてくれました。そして無事に遺言執行者から不動産業者に媒介を依頼して自宅を売却し、経費や税金を除いた後BさんとCさんで現金を折半することで、遺留分による紛争のリスクも回避できました。

不動産業者は遺言者とは親しい間柄ではありましたが、その相続人とは面識がなかったので不動産の売却活動に関与できる確信がありませんでした。しかし、遺言者が指定した遺言執行者（弁護士）から遺言者の意向を汲んで不動産の媒介の依頼を受けることができたのです。

長年介護してきた母親の自宅を売却

Aさん：母　Bさん：長女（Aさん名義の自宅不動産に同居してAさんの介護をしてきた）
C～Fさん：二女ら（それぞれ独立しておりAさんの介護には関わっていない）

ある日、Aさんは脳梗塞を発症し、その後遺症で左片麻痺となってしまいました。Bさんはその後自宅で介護を続けましたが、15年後にAさんは亡くなりました。

そのため、B～Fさんの5人で遺産分割協議を開始しましたが難航しました。理由は、Aさんの遺産が自宅不動産（評価5000万円）しかなかったからです。Bさんは、15年間も要介護3で途中から4になったAさんを在宅介護してきたので、この自宅不動産は自分のものになると考えていました。そこで、近所の不動産業者に売却の依頼をしました。

しかし不動産業者はAさんの遺言書がないと聞き、Aさんの自宅不動産をすべてBさんの名義にすることはできないのではないか、と思いました。だからといってすぐに無理とは言い切れないので、普段からつながりのある弁護士に相談することにしました。

弁護士の見解としては、やはりAさんに遺言書がない以上、いくらBさんがAさんの介

〈長年介護してきた母親の自宅を売却〉

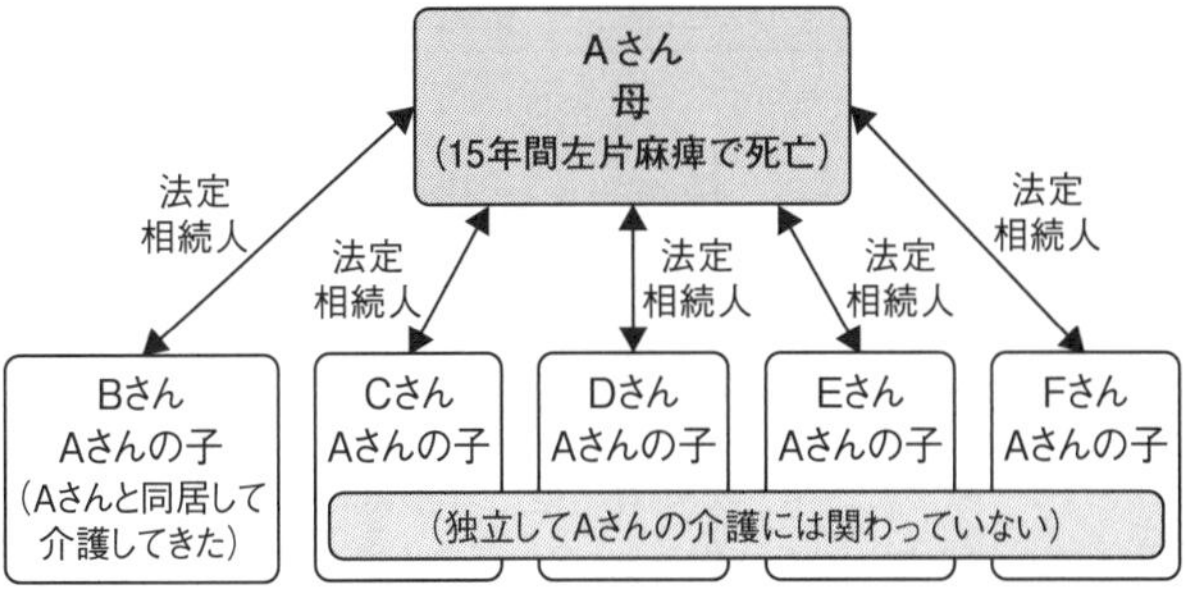

護に尽力していたとしてもAさんの遺産をすべてBさんのものとすることはできない、というものでした。また、仮にAさんが遺言書を残してBさんへすべての遺産を相続するとしていたとしても、C～Fさんの遺留分を剥奪することはできません。遺留分とは、遺言によっても侵害されないC～Fさんの相続権で、法定相続分の2分の1ずつです。

ただし、Bさんのように介護に尽力した人を相続において有利に取り扱わなければ不合理といえます。そのため、法律では「寄与分」という制度によってBさんに多くの相続財産を与えることになっています。寄与分とは、被相続人の財産の維持や増加に貢献した相続人がいた場合、ほかの相続人よりも遺産を多く分けてもらうことができる制度です。

このケースでは、裁判所においてBさんに2000万円の寄与分が認められるとされました。これを遺産である自宅不動産に反映させると、（自宅不動産の価値5000万円－Bさんの寄与分2000万円）÷5人の法定相続割合＝各600万円となり、Bさんは寄与分を含む2600万円、C～Fさんは各600万円を受け取れることになりました。これを自宅不動産の割合に置き換えると、Aさんは50分の26、C～Fさんは各50分の6の共有持分となります。

そして、C～Fさんが自分たちの推薦する不動産業者で売却活動を行うのではなく、Bさんの推薦する不動産業者で売却活動を行う方向で弁護士に調整してもらいました。持分をいちばん多く保有できたため、スムーズに調整できました。

その結果、Bさんは相談していた不動産業者に買主を見つけてもらい、諸経費を控除した残金を共有持分の割合に応じて分配することとなりました。

なお、そもそもAさんが遺言書を作成していればこのような紛争にはならなかった、と考える人もいると思います。しかし、不動産以外に遺産がない以上、遺言書によっても遺留分の問題を解決することはできなかったはずです。

そしてこの不動産業者としては、弁護士に相談することなく寄与分を反映しない売却活動の提案をしていたら、Bさんは媒介契約を結ばなかったはずです。また、弁護士を通じてほかの相続人との関係もうまく維持しながら進めなければ、別の不動産業者に媒介を依頼されていた可能性もありました。このような意味でも、不動産業者と弁護士が協業して権利関係を調整しながら進めていく必要があるのです。

寄与分に関しては少々複雑なので補足しておきます。寄与分は被相続人の「事業に関する労務の提供」、「財産上の給付」、被相続人の「療養看護等」などにより被相続人の「財産の維持又は増加」について「特別」の寄与をした場合に認められます。

ポイントは、「療養看護等」、「財産の維持又は増加」、「特別」の3点になります。Bさんは Aさんの在宅介護という「療養看護」を続け、Aさんの介護を他人や施設に頼らずに行った結果、Aさんの財産を減らさずに済んだため「財産の維持」があったと認められました。

また「特別」については、療養看護の場合には要介護2以上が目安になります。要介護

2は、「体に不自由があり、歩行、排泄、入浴時などに他人の手伝いや見守りが必要」な状態で、「5つの問題行動（大声、介護に抵抗、徘徊、外出して戻れない、一人で出たがる）のうち2項目以上に該当」ということが目安になり、このような場合に親族として通常期待される程度を越えた努力（介護）を行えば「特別」と判断される傾向があります。

療養看護の寄与の度合い（金額）を判断するのはなかなか難しい問題ですが、介護報酬や家政婦報酬の基準に照らして1日5000～6000円を基準としつつ、職業人ではなく親族であることから20～50%を減じて判断される傾向があります。

本件では、5000円×365日×15年間＝約2740万円なので、親族であることにより27%を減じられて2000万円と判断されたことになります。

15年間の介護の対価としては安いと思われるかもしれませんが、介護の対価というよりも残された遺産のなかにBさんの影響がどれだけ及んでいるかという意味合いになります。残された遺産が少ない場合にはBさんの影響力も少ないと判断され、さらにC～Fさんの遺留分を侵害しないかどうかという点も配慮される傾向にあります。

寄与分の判断については、家庭裁判所調査官による調査が行われるケースが多くなっています。その場合は介護の記録が重要証拠となり、本件ではデイサービスの事業者とBさんが交わしていた交換日誌にBさんの苦労がしっかりと記されていたことが威力を発揮しました。寄与分のことを考えておくならば、介護の痕跡をきちんと残しておく必要があります。

遺言書偽造の疑いを解決

Aさん：父　Bさん：Aさんの子ども（Aさんと同居して彼の介護をしていた）
C〜Eさん：Aさんの子ども（各自独立している）

Aさんは11年前に脳梗塞で右片麻痺となり、利き腕が使えなくなりました。そのためAさんとその妻は、Bさん夫婦を呼び寄せ、自宅で同居して面倒を見てほしいと頼みました。そしてAさんの土地上の自宅をBさんの名義の二世帯住宅に建て替え、同居生活を開始しました。

その6年後、AさんはBさんを呼び寄せて目の前で「遺産をすべて妻に、妻が先に死亡していたらすべてBに相続させる」という内容の自筆証書遺言を作成しました。その3年後に

〈遺言書偽造の疑いを解決〉

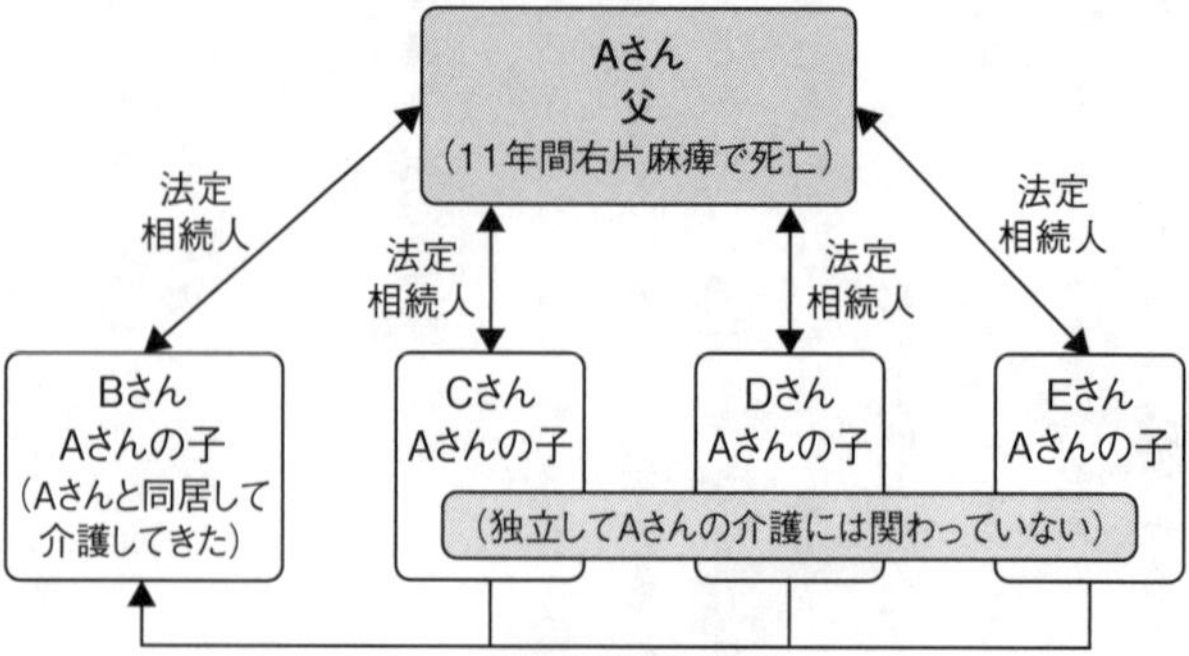

Aさんの妻が先に死亡し、今回Aさんが亡くなりました。

Bさんは Aさんの遺言書について家庭裁判所の検認手続きを行ったうえで、Aさん名義の土地をBさんに変更し、自宅不動産を売却したいと不動産業者へ相談に行きました。Bさん夫婦だけでは二世帯住宅は広過ぎるので、小さなマンションに転居したいというのです。

検認とは、ほかの相続人に対して遺言書の存在およびその内容を知らせるとともに、その後の遺言書の偽造・変造を防止するために家庭裁判所で遺言内容を確認することです。

ところが、検認を行う前にBさんのもとへC～Eさんより依頼を受けたとする弁護士から、Aさんの遺言書が無効だと述べる内容証明郵便が届き、遺言無効確認訴訟まで起こされてしまいました。Aさんが利き腕である右手が使えず左手で書いたため、Aさんの筆跡のものと信じてもらえなかったのです。

そこでBさんも、不動産業者を通して弁護士に対応を依頼することにしました。BさんはAさんが遺言を書いている場に立ち会っていたので、Aさんが書いたこと（自筆性といいます）に間違いはないと、少し安易に考えていたところがありました。しかし、「Aさんが目の前で書いていた」ということは利益を受けることになるBさんが言っているだけのため、今回のようにスマートフォンなどで動画撮影もしていなかったとなれば、自筆性の証明は困難となります。まして本件では、Aさんが利き腕で書いたものではないため、筆跡によって自筆性を証明することもできません。

これにはBさん側の弁護士も困ってしまいましたが、それでもなんとか人脈をたどってある著名な筆跡鑑定士を紹介してもらい、鑑定を依頼しました。

すると、「相続」の「続」の糸偏の「小」という部分を「Ⅲ」と記していたことと、「平成」の「成」の書き順がいちばん左の縦払いを一画目にしていたこと、などの珍しい特徴を基に、Aさんの自筆と認める鑑定結果を得ることができました。右手で書くときの癖が、左手で書いたときにも同じように残っていたのです。

書き順に関しては、文字の重なった部分のどちらが先に書かれたか分かる特殊なライトがあったので判断することができました。ちなみに「成」の字は横棒を一画目にして書く人が統計上多いそうですが、正しい一画目はいちばん左の縦払いで、Aさんの書き順が正解です。

この結果を踏まえ、裁判官も遺言書が有効であるとの心証を示して双方に和解によって解決することを勧めました。

具体的には、仮に遺言書が有効であってもC～Eさんには遺留分があるので、これを前提にした遺産分割協議を行うことになりました。遺産は、評価額4000万円の土地と預貯金約4000万円だったので、遺留分（法定相続分の半分ですからC～Eさんにつき各8分の1ずつ）は、C～Eさんに総額3000万円の預貯金を分配すればいいことになります。

しかし実際は、Bさんが和解ということで土地だけ取得できればいいと譲歩しました。

そこでBさんが土地、C～Eさんが4000万円の預貯金を取得する内容で解決することになりました。

その後、Bさんは予定どおり二世帯住宅を売却し、そこで得たお金を基に小さなマンションへ転居することができました。それらの仲介を行ったのは、もちろんBさんが相談していた不動産業者です。

自筆証書遺言は、このようなことがあるため細心の注意が必要です。自筆であるかどうかは遺言者本人が死亡してしまっているため、なんらかの手段で証明しなければなりません。

昨今は簡単に映像を残せる時代ですから、スマートフォンでも構わないので撮影しておくのが無難です。

その場合でも、例えば近くに遺言内容の見本を置いてそのとおりに書いてもらうと、強要されていたかのような疑いをかけられてしまいます。

自筆証書遺言については、2020年7月10日から法務局が預かり保管する制度が始まりました（自筆証書遺言書保管制度）。この場合、法務局において遺言書を預けに来た人の本人確認を行うので、自筆性が争われる可能性は少なくなります。

このような法務局に保管された遺言書は、家庭裁判所の検認手続も不要になります。以前に作っておいた遺言書を改めて保管することも可能です。

とはいえ、そもそも公正証書による遺言を作成しておけば自筆性は問題となりません。公正証書であれば病気などにより署名することができない場合でも、公証人が氏名を代書することが認められています。そのため自筆の力が残されていない人でも作成が可能です。

精神障害がある息子の特別受益問題を解決

Aさん：亡くなった父　Bさん：母　C・Dさん：子ども（各自独立している）
Eさん：子ども（精神障害2級のためAさんが生活費を援助していた）

Aさんの遺産は、自宅不動産（評価5000万円）と預貯金7000万円でした。相続人は妻であるBさんとC～Eの3人の子どもです。しかしEさんは、30代の頃に職場でパワハラを受けて精神障害2級を発症したため収入が得られなくなり、以来Aさんが20年間月額10万円（総額2400万円）の生活費を援助していました。

〈精神障害がある息子の特別受益問題を解決〉

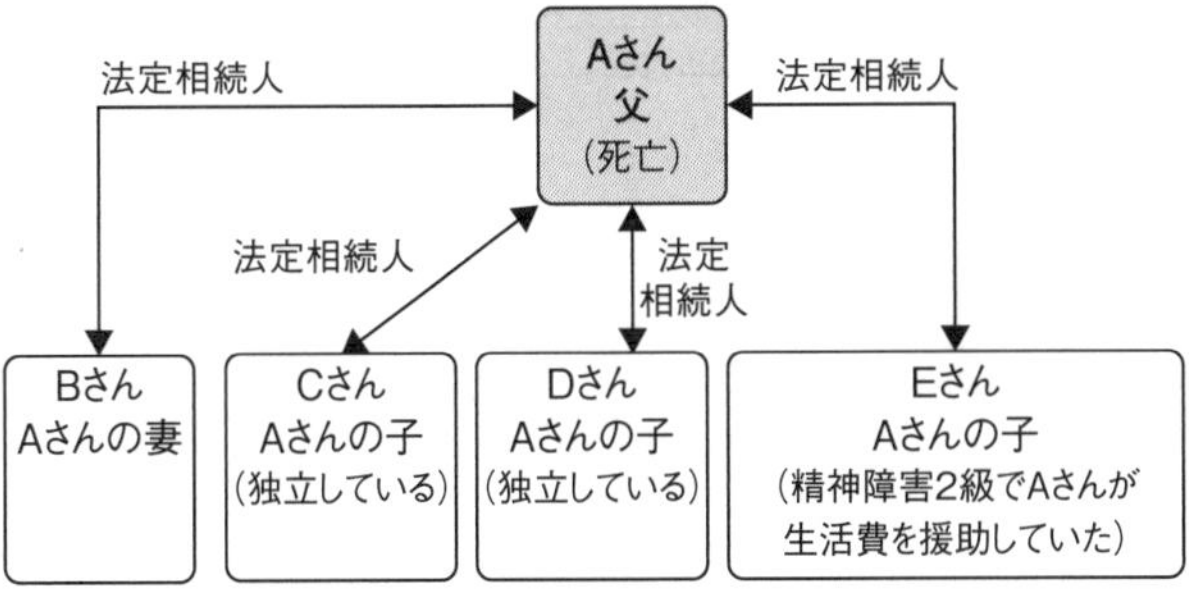

そこでB・C・Dさんは、「Bが自宅不動産と預貯金2200万円を取得し、CとDとで預貯金2400万円ずつを取得する。Eはすでに2400万円を生前贈与されているから遺産は取得しない」という形で遺産分割をしたいとEさんに提案しました。

しかしながらEさんは、「遺産総額が1億2000万円なのだから、自分も法定相続分の6分の1に当たる2000万円相当の分与を受けなければ合意しない」と受け入れず平行線の状態となってしまいました。

さらにEさんは遺産の取得を確実にするために奥の手を出しました。単独でAさんの自宅不動産に対してB：C：D：E＝2：1：1：1の共有とする相続登記を入れてしまったのです。

これに驚いたB・C・Dさんは、「今後Eさんが勝手に共有持分を第三者へ売却するのでは」と心配して不動産業者に駆け込みました。

不動産というものは複数の法定相続人がいたとしても、単独で法定相続割合の共有持分を登記することが可能です。今回のようにEさんに相続分がないように思われるいちおうの事情があったとしても、例外なく裁判所を通さずに共有持分登記をすることはできてしまうのです。

それだけでなく、いったん相続により共有持分を取得したEさんは、その持分を第三者へ売却することもできてしまいます。

このような相続問題が絡み合った案件なので、不動産業者としてはお手上げ状態です。すぐに弁護士へ相談することにしました。

弁護士が提案した共有持分の売却を防ぐ方法は、B～Dさんが共同で家事事件手続法に基づく保全処分を行い、不動産の名義変更ができないようにしておくことです。

仮にEさんの生活費の援助総額2400万円がすべて特別受益（遺産の前渡しで生前贈与の一部）として認められると、EさんはAさん死亡時の遺産をまったく取得できないことになります。

具体的な金額で見ると、まずAさん死亡時の遺産1億2000万円にEさんの特別受益2400万円を加算（持ち戻し）すると合計1億4400万円となります。これを法定相続割合で分配すると、Eさんは法定相続割合6分の1つまり2400万円の遺産を取得できることになるのですが、この金額はすべて特別受益となるので、結論としてAさん死亡時の遺産から取得できるものはない、というわけです。

それなのにEさんが勝手に共有持分を登記して、その持分を売却してしまったら、Eさんはもらえないはずの遺産を取得することができてしまいます。ですから、本件では前述の保全処分を行っておきました。

ここでEさん側に着任した弁護士から反論が入りました。今回のケースでのEさんが受領したお金は、やむを得ず精神障害に陥って生活ができなくなったため親であるAさんが援助した、という性質をもっていました。

この場合Aさんは、遺言として「Eさんへの生前の生活費援助は考慮せず、B～Eで法定相続割合に遺産を分配しなさい」と願ったのではないか、とも考えられます。

これを「持ち戻し免除の意思表示」というのですが、Aさんにこのような意思表示があった場合には、Eさんの生前贈与は考慮されず、Aさん死亡時の遺産を法定相続割合で遺産分割するという理屈が成り立つことになります。

本件でもEさん側の弁護士から、「仮に特別受益と判断されるとしても、Aさんの遺志としてEさんに何の分与をしなくていいとすることはあり得ず、持ち戻し免除の意思表示があった」と反論され、結論は家庭裁判所の調停に委ねることになりました。

その結果はこうです。

「Eさんの主張が通れば2000万円相当の遺産を取得できる。しかし、早期円満解決を目指す意味でEさんに2000万円の分割を行うが、その形式はBさんからの相続分譲渡ということでお互いに譲歩する」

要するに「すぐにEさんへ2000万円を渡すが、それは母であるBさんの遺産を生前に渡す形式（特別受益）にする」ということです。

この調停により、Bさんが自宅不動産と預貯金200万円（合計5200万円）、CさんとDさんが預貯金2400万円ずつ、Eさんが2000万円を相続することで合意しました。

これがなぜお互いに譲歩することになるのか解説します。Bさんの遺産を生前に受け取ることで、Bさんの死亡時にEさんはBさんから特別受益を受けたとみなされます。Bさんの死亡時の遺産は、5000万円（自宅）＋2000万円に特別受益2000万円を加えた総額9000万円です。これを本来はC・D・Eさんで3等分して一人3000万円ずつ受け取ることになりますが、Eさんは先に特別受益2000万円を受けているので、1000万円しかもらえないことになります。

Eさんとしては、これに同意しなければBさんに遺言を書かれてBさんの遺産を取得する機会を失うことにもなりかねなかったので譲歩したということです。「何年先に入るか分からない大金より、とにかくすぐに現金が欲しい」という相続人の場合は、このような交渉が有効になります。

その後Bさんは自宅を相談していた不動産業者を通じて売却し、老人ホームへ入所したので遺産の総額は9000万円よりも減少することになりましたが、Eさんは2000万円を前払いしていると扱われました。

さて、法定相続人の一人が勝手に相続登記をして、自分の法定相続割合に応じた共有持分だけを売却することなどあり得ない、と思う人も多いはずです。しかし昨今は、「共有持分を買い取ります」「ほかの共有者に知られることはありません」などとホームページでうたって、実際に共有持分を買い取る不動産業者も数多く存在します。この取引が弁護士法73条との関係で問題になることがあります。

本件ではEさんが「どうせ遺産を分けてもらえないなら安くても持分だけ売却してしまおう」と思ってしまうことも十分にあり得ました。

「うちの家族に限ってそんな勝手なことをするとは思えない」と考える人もいると思いますが、仮にEさんが借金を抱えていた場合には債権者（税務署等も含む）が差押えのためにEさんの法定相続分を登記するケースもあります。したがって、現実的に起こり得ることとして考えておくべきです。

また、特別受益があっても持ち戻し免除となれば遺産分割において考慮されないということを知っている不動産業者はごく少数だと思います。

遺言などで持ち戻し免除が明確になっていない場合には、被相続人の遺志を推察することになります。免除が認められやすいケースとしては、「障害がある子どもへの生活費の援助」、「被相続人から承継した事業に要する事業用資産、例えば農業用機械や製品製造機械などの購入資金の援助」などが挙げられます。

ただし持ち戻し免除が認められても、ほかの相続人の遺留分を侵害することはできません。例えば、今回のケースで遺産が1500万円相当の自宅不動産だけだとします。Eさんへの生前贈与が2400万円とすると、総額3900万円で遺産分割をした場合、法定相続分の半分が遺留分として各人から奪われない権利とされます。つまり、遺留分はBさんが3900万円÷2÷2＝975万円、CさんとDさんが3900万円÷2÷3÷2＝各325万円で総額1625万円となり、遺産1500万円を上回ることになります。したがって、Eさんの生前贈与2400万円について仮に持ち戻し免除の意思表示があったとしても、遺留分侵害として認められないことになるのです。

債務者の相続物件を売却して債権を回収

Aさん：債権者　Bさん：債務者（Aさんの友人）

Aさんは、20年以上前から友人であるBさんにお金を貸したり返してもらったりの関係を続けていました。そして、9年前に一度これまでの関係を清算する形で、「貸金残高が500万円であること、これを月額10万円ずつ返済すること」を約束する債務弁済契約を公正証書によって締結しました。

しかしながらBさんからは、5カ月目までは10万円ずつの返済があったのですが、その後はいっさい返済がないまま9年が経過してしまいました。

そうしたところAさんは、Bさんの母親が死亡したとの情報をつかみ、Bさんの母親の自宅不動産を売却して残金450万円を回収したいと考え、不動産業者へ相談をすることにしました。

そこで不動産業者は、Bさんに「相続して返済をしましょう」と提案をしました。ところがBさんは、「母親からは生前に多額の資金援助を受けているので自分には相続分がない。だから借金は返せない」と開き直ってしまいました。困った不動産業者は、Aさんを知り合いの弁護士へ紹介しました。

〈債務者の相続物件を売却して債権を回収〉

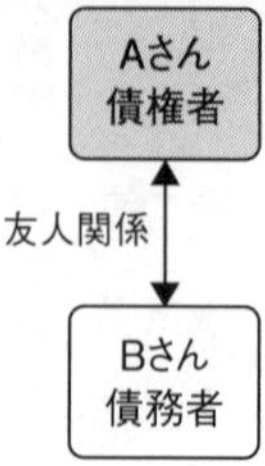

弁護士はまず、Aさんと不動産業者に対して「Bさんに相続放棄をされないよう3カ月は静観してほしい」と依頼しました。Bさんが相続放棄をしてしまうと、これから行う予定の競売手続きに入ったときに無効とされてしまいます。

相続放棄をする場合は、相続開始を知ってから3カ月以内に家庭裁判所へ申述書を提出しなければなりません。Bさんは、遅くてもAさんの不動産業者から売却の提案を受けた時点で相続開始を知ったといえます（知らなかったと言い訳できなくなります）。この点について不動産業者は、良い動きをしてくれたことになります。

そして弁護士は、その3カ月の間にBさんの母親の相続関係を調べるためにBさんの母親の戸籍調査を職権で行いました。すると、Bさんには姉と弟がおり、Bさんの相続分は3分の1であることが分かりました。同時に不動産業者が物件の価値を調べたところ、少なくとも3000万円以上の価値はあり、3分の1でも450万円の債権を回収するのに十分であることが分かりました。

では、Bさんが母親から多額の生前贈与を受けていて相続分がない、という問題はどうするのか。これについては、Bさんの姉または弟が相続登記をする前に第三者がBさんの相続分について差押えの登記をすれば、そちらが優先されるので問題を回避することができます。要するに第三者であるAさんが競売の手続きを行うと同時に差押え登記を入れれば、Aさんの権利が優先されるのです。

なお、Bさんの相続登記はAさんが差押え登記をする前段階で必要になりますが、それもAさんがBさんに代わって行うことができます。

そしていよいよ3カ月が経過し、AさんはBさんの母親の不動産のうちBさんの相続分、つまり3分の1の共有持分について競売の手続きを行いました。事前にAさんとBさんで公正証書を交わしていたので、いきなり競売手続きをすることができたのです。

この事実を官報で知ったBさんの姉は、慌てて司法書士を通じて「競売をやめてほしい」と連絡してきました。競売でBさんの持分を売却されてしまうと、残った姉と弟の不動産の価値が著しく下がってしまうからです。

弁護士としてはこの連絡は想定内でした。すぐに姉と弟に対して話し合いを開始しました。そして、Bさんの母親の遺産は自宅不動産しかない（預貯金はほとんどない）ことを再確認し、Aさん側の不動産業者に依頼してこの不動産を売却することで合意。Aさんは、その売却金から無事に債権を回収することができました。

なお、2019年7月1日から開始した相続については、遺言について改正されたので注意が必要です。

これまではBさんの母親が「Bさんの姉に全部を相続させる」という遺言書を残していれば、Aさん（債権者）はBさんの母親の相続財産に権利行使をすることができませんでした。

しかしこの改正により、債権者の差押え登記と遺言の執行登記のいずれか早いほうを優先するということになりました。

また、2020年4月1日以降に貸したお金の消滅時効についても改正がありました。これまでは貸してから10年でしたが、同日以降に貸したお金については5年となりました。この期間に差押えなど裁判所を介した請求を行わない限り時効は延長されません。

本件は、改正前の事案でしたので消滅時効とはなりませんでしたが、今後は注意が必要です（ただし、改正法でも判決で確定した債権は10年のままです）。

成功事例2　相続人不在の物件でも売却する

死後に自宅を売却

Aさん：身寄りのない80代の女性

高齢のAさんは身寄りがないため、急に倒れたときの病院や施設との対応、そして自分の死後のことを心配していました。

そこで急に倒れたときや認知症になってしまったときに関しては、すでに司法書士と任意後見契約を交わしていました。しかし死後のことは、何をすればいいのかまったく分かりません。

人は誰しもいずれ亡くなります。けれども、その前に体の具合が悪くなる状態が続くことが多く、その場合には成年後見制度で対応することが可能です。しかし成年後見制度は本人が亡くなると同時に終了してしまうので、死後のさまざまな手続きには対応してもらえません。

〈死後に自宅を売却〉

Aさん
依頼者
（身寄りのない80代の女性）

Aさんは、葬儀、自宅不動産の処分、お世話になった人への謝礼など死後のあらゆる問題が解決できずに困っていました。特に自宅不動産については、自分で一生懸命働いて手に入れた思い入れのあるものなので生前に手放すことは考えておらず、死後に売却し、そこで得たお金を付き合いのある慈善団体に寄付したいと思っていました。

前向きなAさんは、「とにかく行動しよう」と近所の不動産業者へ相談することにしました。

しかしながら所有者が死亡し、相続人もいない物件を売却する方法をその不動産業者は知りません。さっそく、協業相手である弁護士に話をもち込みました。

弁護士の提案は、死後事務の委任契約の利用です。この契約は本人が亡くなったあとに初めて効力が生じるもので、本人の死亡によって終了する成年後見制度のバトンを受け継ぐ制度といえます。

具体的な内容としては、生前に発生した入院費用などの債務の支払い方法、葬儀や永代供養を含む遺骨の対応といったことを本人の意向に沿って決めることができます。さらに遺言書を作成すれば、死後に自宅不動産の処分を行って売却金を指定する人や団体へ渡すことも可能です。

この死後事務の委任契約は、成年後見制度を利用していても締結することができます。身寄りのない人の成年後見人は、委任者の死亡とともに権限を失うため、死後のさまざまな手続きをどうすればいいのか悩んでしまいます。そこで、成年後見人が本人の死後の事務を後見人自身または第三者に委任することができるのです。

ただし、成年後見人自身が受任者になると利益相反行為になってしまいます。したがって、家庭裁判所に申し立てて特別代理人又は監督人を選任してもらってから成年後見人自身が受任者になるか、第三者を受任者とするかの検討が必要です。この際、仮に法定相続人がいた場合は、委任者の希望が相続人の遺留分を侵害することになるなどで相続人と揉めてしまう可能性もあるので注意しなければなりません。

Aさんの場合は、監督人を選任してもらうことで任意後見契約を結んでいた司法書士を受任者としました。Aさんに法定相続人はいません。そのため、スムーズに自宅を売却し、希望どおりに慈善団体へ寄付をすることができました。

遺言書により自宅売却で得たお金の寄付を指示

Aさん：身寄りのない80代の男性

Aさんは、定年を迎えるまで40年以上小学校の教師をしていました。結婚歴はなく子どもはいません。遠方に兄弟がいましたが亡くなってしまい、甥と姪（法定相続人）が5人ほどいるようですが50年以上音信不通です。

Aさんは自宅不動産だけでなく、賃貸不動産をもちその収入で生活していました。しかし、自分が死亡したあとはそれらを知らない甥や姪に相続させるのではなく、売却して奨学金の基金へ寄付したいと思っていました。

そこで不動産業者に相談することにしました。

本人の死後、相続人ではない人や団体に寄付することを遺贈といいます。その不動産業者にとって遺贈は、当然ながら専門外。すぐに知り合いの弁護士に協業を依頼しました。

このケースでも清算型の遺言を利用することにしました。死後に

〈遺言書により自宅売却で得たお金の寄付を指示〉

Aさん
依頼者
（身寄りのない80代の男性）

所有する不動産を売却し、そこで得たお金で入院費や葬儀などの支払いを済ませたうえで残りを寄付（遺贈）するという遺言書を残したのです。

ここで重要なのが遺言執行者の存在です。遺産を遺贈する場合の不動産登記は、遺言執行者が行うことになるので、遺言書で遺言執行者を指定しておくことが必須となります。

また、不動産業者としては、遺言によって死後の不動産売却を依頼されても、相続人の居所が分からない場合は手続きが困難となります。そのため、このような清算型の遺言書で遺言執行者を指定しておくことは、不動産業者にとっても必須事項になるはずです。

それだけでなく、Aさんが債務（最期にいた施設や病院の費用、固定資産税などなんらかの負債があるはずです）を負っている場合、これらが法定相続人に向いてしまう可能性もあるので、トラブルを避けるために遺言執行者の権限としてAさんの負債を弁済することも含んでおくべきです。こうしておくと葬儀費用の支払いも遺言執行者が行うことができます。

今回のケースでは、弁護士と協業経験のある司法書士が遺言執行者になりました。そして遺言執行者がAさんの死後にAさんが相談した不動産業者の仲介により不動産を売却し、売却金から入院費用や葬儀費用そのほか経費を支払ったあとに残金を奨学金の基金（受遺者）へ寄付しました。つまり、Aさんの希望はすべてかなったわけです。

なお清算型の遺言書を作成するときは、まだ残金が確定していないため、B法人に残金の3分の1、C法人に残金の3分の2、などといった割合で指定しておくことも可能です。また、身寄りのない人のなかには、不動産をそのままの形で寄付したいと希望するケースもあります。しかしながら、相手が行政機関や基金などの場合、不動産をそのままの形で受け取ることはほとんどなく、いったん現金の形にして寄付を受ける段取りをしなくてはなりません。

さらに前述のような清算型遺贈を用いる場合は、納税に関する注意も必要です。不動産の相続については、一度法定相続人への相続登記をしたうえで遺言執行者の権限で売却に基づく所有権移転登記をすることになります。

すると法務局から情報提供があった税務署から法定相続人に対して、不動産の譲渡所得税に関するお尋ねが届く可能性があります。このとき遺言執行者が適切に税務処理をしていないと、法定相続人は相続をしていないのに納税だけ求められるような事態になり得るのです。

この場合の課税関係についてはいまだに明確な答えがないのですが、参考資料はあります。2021年7月11日の国税庁のホームページに掲載された「換価遺言が行われた場合の課税関係について」によれば、「換価遺言に係る当事者間の権利義務関係に着目すると、遺言の効果が発生すると、遺言執行者に換価財産の管理支配権限が帰属し、所有権と同等の権利を有するとともに、相続人には何ら実質的な権利は存在せず、一方、受遺者には、換価代金を受益する権利が生じる。これらの当事者の権利関係は、信託の場合の当事者（委託者、受託者、受益者）の権利関係に類似している。制度論的には、換価遺言の場合は、信託税制と同様の課税関係にすることが望ましいと考える」となっています。

要するに遺言執行者が譲渡所得税について受遺者の負担となるような運用をしたり、相続をしていない相続人（不動産登記に名前だけが出てしまう相続人）に対して課税負担が及んだりしないようにくれぐれも注意する必要があるということです。

相続人の二男失踪後でも長男が実家を無事売却

Aさん：90代の母　Bさん：長男（AさんとAさん名義の自宅で同居）
Cさん：二男（10年以上前に事業に失敗して失踪中）

Aさんは Cさんの失踪前に連帯保証人になっていたので、総額800万円ほどの弁済をしたことがありました。

そのAさんが亡くなりました。Bさんは自宅不動産を自分へ相続する旨のAさんの遺言書を持参し、これを売却したいと不動産業者のところへ来ました。

ところがその遺言書を不動産業者が確認したところ、一般的な封筒に入った便せんにAさんの直筆で「遺言」と題したうえで「Cには借金800万円の肩代わりをさせられたうえに行方不明になっているので、私の財産はすべてBに譲る」と記載されていただけでした。Aさん

〈相続人の二男失踪後でも長男が実家を無事売却〉

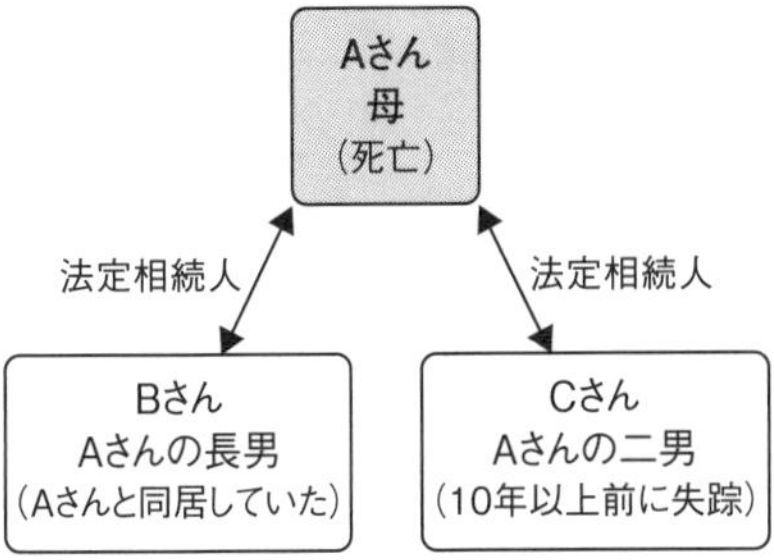

の印鑑が押されていなかったのです。

遺言書には押印が必要であることを不動産業者がBさんに言うと、Bさんは「母の印鑑なら自宅にあるから押してきますよ」と軽く返事をしました。不動産業者は対応に困ってしまい、いつも相談している弁護士のところへ行きました。

遺言書は、法律に定められた方式に従わなければ無効となります。その方式とは「日付、署名、押印」があり、「これらを含む内容が自筆であること」です。これらに従っていなければ、いくらAさん本人が書いていたものであり、Aさんの遺志に間違いがないとしても遺言書としては法律上認められません。（なお、2019年1月13日以降に作成された遺言書は、財産目録部分のみ自筆でなくても認められるようになりました。）

今回のケースでは「押印」がないので、法律的には遺言として使うことができません。便せんに押印がなくても、入っていた封筒に封印が押してあったものを遺言書として有効とした裁判例（最高裁平成6年6月24日判決）もありますが、本件では封筒にも押印はありませんでした。したがって、これを利用して自宅不動産の名義をBさんに変更することができないということです。

また、Bさんが Aさんの印鑑を押すというBさんの考えについては、「遺言書の偽造」(民法891条5項・965条) に当たる可能性があり、この場合遺言書が無効になるだけでなく、Bさんが相続権自体を失うことになります。Bさんは、黙ってやれば誰も気づかないというのかもしれませんが、不動産業者としてはこれを前提とする取引はできません。

そこで弁護士は、「このAさんの書簡は遺言書としては無効だが、Bさんへの死因贈与として有効となる」と考え、Bさんの単独相続を目指す法律的手段を採ることにしました。遺言書としての方式が満たされていない書簡でも、死因贈与の証拠として有効になることがあります。

死因贈与とは、贈与する人が死亡したことを条件として財産を特定の人へ贈与するという契約です。遺言書と違って方式の定めはなく口頭でも成立します。そのため、今回のケースでは遺言としての方式を満たしていないこの書簡を、死因贈与の合意が成立していることの証拠として用いることにしました。

具体的には、Cさんが見つからなくても所有権移転登記ができることを最初に知り合いの司法書士へ確認し、そしてCさんの所在を住民票調査によって明らかにしようとしましたが分からず、そのままCさんを相手に死因贈与の合意を認めてもらう訴訟を提起しました。この判決書をもってAさん名義の自宅不動産をBさん名義にすることで売却が可能な状態にしました。

その結果、Bさんの希望どおりに不動産業者の仲介によって売却が成立したのです。

なお、不動産の登記申請の場合、遺言であれば権利者一人でできるのですが、死因贈与を含む契約であれば契約当事者双方が共同で手続きをしなければなりません。

死因贈与の場合、このケースでは贈与するAさんとこれを受けるBさんとで共同して登記申請することになるのですが、Aさんは死亡しているのでAさんの代わりにCさんとBさんの共同で登記申請することになります。

とはいえ、今回の場合はCさんの協力が得られません。そこでBさんがCさんに対して所有権移転登記を求める訴訟を提起し、裁判所において上記書簡をもって死因贈与の成立を認めてもらうことができたので、Bさんのみで登記申請をすることができたというわけです。

Cさんとしては、死因贈与が成立していないと争うか、死因贈与が成立していても遺留分（遺言や死因贈与によっても侵害されないCさんの相続権で法定相続分の2分の1）を受け取ることを主張することができます。

しかしながら本件では、CさんはAさんの生前に800万円の借金肩代わり（生前贈与）があったため、特段争われることもなくBさんの請求全部認容の判決が言い渡されました。

DV被害を避けるために所在不明になった人の物件を売却

Aさん：父　Bさん：Aさんの妻　Cさん：Aさんの子ども

ある日Aさんが死亡し、自宅不動産（価値3000万円程度）と預貯金5000万円ほどが残りました。

Cさんは無職であり、Bさんに対して虐待に及んでいたためBさんは自宅から避難して所在秘匿となっています。

Cさんは、これまでAさんの預金を自由に利用して生活してきましたが、Aさんの死亡により預金の引き出しができなくなり、自宅不動産を売却して売却金を自身のものにできないかと不動産業者へ相談に来ました。

しかし、遺産分割協議が終了していないうえに、相続人の一人であるBさんの所在が不明ということで不動産業者はどうすることもできません。そのため弁護士へつなぐことにしました。

この不動産を売却するためには、相続人であるBさんと連絡を取るだけでなく、Bさんの印鑑証明書も必要になります。そして、その過程でBさんの所在をCさんに知られてしまう恐れがあります。

調べたところBさんは印鑑登録をしていないようでした。印鑑登録は、本人か代理人が役所に出向いて行う必要があります。

そこでCさんは、弁護士に依頼して虐待対応を担当した役所を通じてBさんとコンタクトを取りました。

しかし、本人は新型コロナウイルス感染症対策により施設が外出を制限していたため手続きができず、代理人は本人限定受取郵便を用いた本人確認をする必要が

〈DV被害を避けるために所在不明になった人の物件を売却〉

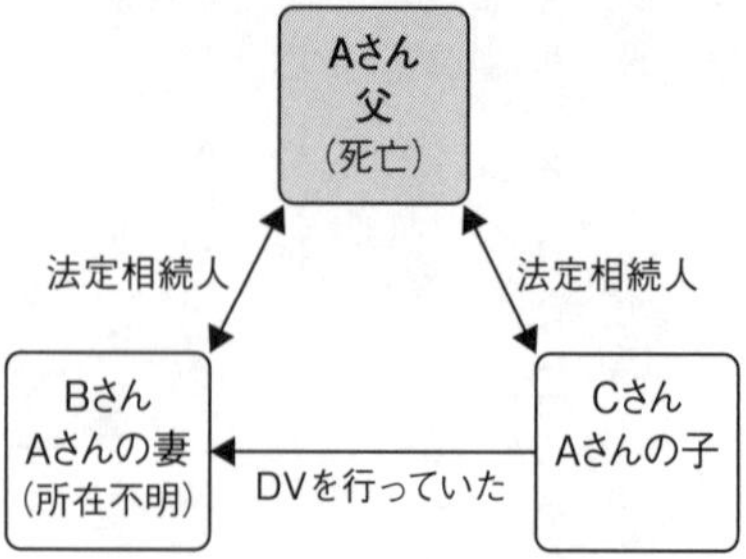

あるのですが所在不明ではどうすることもできない状況でした。そのためCさんは、Bさんにも別の弁護士に依頼をしてもらい、弁護士同士で話を進めることにしました。

ここで、Cさんは現金を手に入れないと生活ができない、Bさんも避難生活のためには現金が必要、ということから双方の利害が一致することが確認できました。

あとは双方の弁護士が手続きを進めるだけです。Bさんには印鑑証明書がないので相続登記も売買の所有権移転登記もできません。そのため、Bさんの印鑑証明書がなくても手続きを進められるように、家庭裁判所の調停調書を用いてCさんへ相続登記をしたうえでCさんが単独で売却できるようにしました。

ただし、このケースではCさんに収入がないにもかかわらず、不動産売却に関してさまざまな出費があることも問題となりました。

そこでCさんの弁護士は、自宅不動産の評価を相続税相当額2400万円と評価し、預貯金5000万円と合算して7400万円を折半することを提案しました。そして、3700万円をBさんの取得する相続財産としたうえで預貯金の払い戻しを先行し、Bさん3700万円、Cさん1300万円の預貯金を先に取得することになりました。

その後、Cさんにとって非常にラッキーなことが起こります。当時は新型コロナウイルス感染症の影響などもあって不動産価格が高騰しており、自宅不動産は諸経費を差し引いても3400万円ほどで売却できました。したがってCさんは、総額4700万円（Bさんより1000万円多い）の現金を手に入れることができたのです。

なお、この事例ではCさんが預貯金1300万円の払い戻しを受けられた時点で不動産の売却をする動機がなくなってしまう懸念がありました。こうなると不動産業者の仕事がなくなってしまうところでしたが、Cさんの弁護士と一緒に相続税に関する話し合いを試みたことや感染症流行時に不動産価格が高騰していたことなどから売却に結び付けることができました。

印鑑証明書に関して少し補足します。調停調書をはじめとする裁判所が発行した文書によれば、相手方の印鑑証明書がなくても名義取得人の単独の申請で所有権移転登記をすることができます。また、調停調書に記載する住所は住民票や印鑑証明書の住所である必要がないので、この事例では引っ越し前の住所を用いて手続きを進めることができました。

相続人の行方が7年間分からない物件を売却

Aさん：父　Bさん：長男　Cさん：二男

Aさんの妻は数年前に亡くなっており、今回はAさんが死亡しました。相続人は、長男、二男であるBさんとCさんの2人です。

遺産は、Aさん名義の自宅不動産だけで現在はBさんのみが居住していました。Bさんは、精神障害があって、行動的なときとそうでないときの差が激しい人です。一度決定したことをすぐに忘れてしまうこともあります。

Aさんの死後、Bさんは自宅不動産の売却を依頼したいと不動産業者を訪ねました。しかし、登記簿を確認するとAさん名義のままです。そのため、相続人についてBさんに確認しました。するとBさんは、「相

〈相続人の行方が7年間分からない物件を売却〉

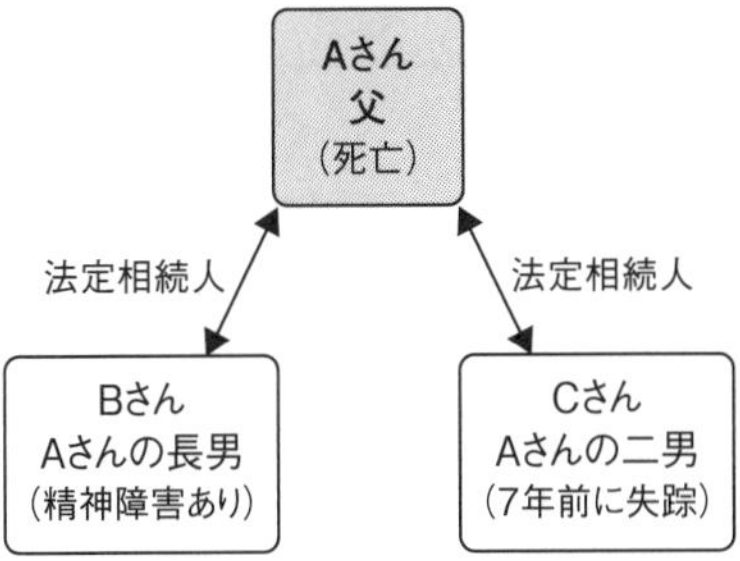

続人は自分一人だけなのでいつでも名義は変えられる」と答えました。

これを信じた不動産業者は、Bさんと媒介契約を締結し、すぐに買主を見つけることができました。まさにとんとん拍子という展開です。

ところがそのことをBさんに伝えると、「弟（Cさん）が事業に失敗して夜逃げし、7年以上音信不通である。そのため相続人は自分一人だけだ」と言い出しました。

このままだと所有権移転登記ができないので売却はできません。不動産業者がそのことを伝えるとBさんは「不動産屋に無理矢理契約させられた」と逆にクレームを入れてきました。困った不動産業者は弁護士に相談し、弁護士からBさんへCさんの音信不通とはどの程度のものかを確認してもらうと、本当に居場所が分からず、住民票も実家のままになっているようでした。

そのため弁護士は、Bさんから「自宅不動産処分のいっさいの件」を委任してもらい、Cさんの不在者財産管理人を選任してもらう家事審判を申し立て、不在者財産管理人と共同売却する方針を取ることにしました。

不在者財産管理人とは、土地の所有者が見つからず、財産管理人もいない場合に、家庭裁判所へ申し立てることで選任される人です。選任された不在者財産管理人は、不在者の財産を管理・保存するほか、家庭裁判所の権限外行為許可を得たうえで不在者に代わって遺産分割・不動産の売却等を行うことができます。

そして、この事例の不在者財産管理人は、家庭裁判所の選任によって第三者の弁護士となりました。そして無事に売却先が決まり、Bさんは取り急ぎ売却金の半分を手に入れることでグループホームに入所することができました。

さらにCさんの失踪宣告を申し立て、1年数カ月後にBさんは残り半金も相続しました。Cさんの行方が7年間分からなかったので死亡したものとみなされ、相続が開始されたのです。

このケースは、長男であるBさんに精神障害があって通常の依頼者とは異なる合理的配慮が必要という点と二男であるCさんが行方不明という点が特殊です。

精神障害や高齢者の認知症などについては、売買契約の締結能力の有無という通常の依頼者とは異なるリスクが発生します。このような場合、不動産業者だけで業務を遂行するのは得策ではなく、弁護士などの専門家との協業が有用です。

また、不在者財産管理人を選任する際は、裁判所へ予納金を納付する必要があります。これは簡単にいってしまうと手続き費用のようなもので、30万円から100万円程度かかります。この費用を不動産の売却代金から支払われるようにするなどのリスクヘッジも必要になってきます。このような意味でも弁護士と協業する必要性は高いといえます。

成功事例3　生前の不動産処理をスムーズに進める

家族信託契約によって両親の介護費用を確保

Aさん：父　Bさん：Aさんの妻　Cさん：Aさんの子ども

Aさんは末期がんで余命3カ月、Bさんは寝たきりで意思疎通が困難な状況です。そこで子どものCさんは、Aさんの自宅不動産を売却してAさんとBさんの生活費に充てたいと考え、不動産業者に相談することにしました。

不動産業者は、Aさんが今のところ意思疎通ができるので売買契約は可能と判断しました。しかし、買主を見つけて決済を迎えるまでに万一のことがあっては大変だと考え、Cさんと一緒に弁護士に相談をしてみることにしました。

仮にAさんが決済を迎えるまでに「意思疎通が困難になった」または「死亡した」場合には、不動産を売却することが困難になります。

〈家族信託契約によって両親の介護費用を確保〉

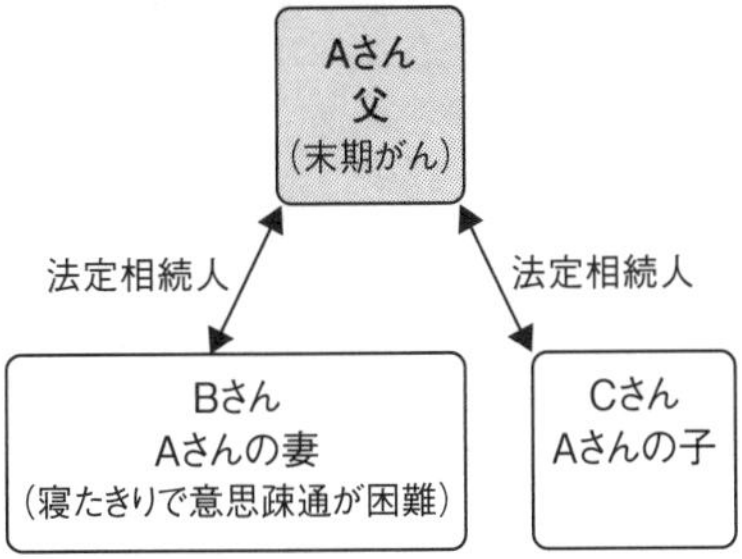

一般的に意思疎通が困難になった場合はAさんに成年後見人を選任する、Aさんが死亡した場合はBさんに成年後見人を選任してCさんと共同売却する、といった対応が考えられます。

Cさんは、心からAさんとBさんのことを考えており、自宅不動産の売却資金はすべてAさんとBさんの療養費に充てたいと思っていました。もし、それで足りなければCさんが費用負担をする覚悟も決めています。

そこで弁護士は、「意思疎通が困難になった」「死亡した」の両方をカバーできる方法として、自宅不動産をCさんに信託する方法を提案しました。そして公正証書をもって実行することとし、10日後に公証人の予約を取り付けました。

さらにAさんが亡くなることを想定し、Aさんに事情を話して、Aさんの自筆でCさんにすべての財産を相続させる遺言書を作成しておきました。ところがその直後、Aさんの具合が急変したため公証人の予約はキャンセルし、Aさんは1カ月後に死亡しました。

その後Cさんは、Aさんからすべての財産を相続する旨の自筆証書遺言を用いて相続登記を行い、自宅不動産を売却することでBさんの療養費を捻出することができました。Aさんの遺言書が奏功することになったのです。

この成功事例は、不動産業者がAさんの容態変化を想定して機転を利かせたことがきっかけとなりました。不動産の売却活動を続けて買主が決まり、せっかく契約もできたのに、移転登記（決済）までの間に売主が意思疎通困難または死亡してしまったらそこで商談は頓挫してしまいます。それを見越した不動産業者が万一に備えて弁護士につなぎました。

また弁護士は、Cさんが唯一の子どもであることや父母の面倒を見ることができる人物だと判断したうえであえて信託を提案し、さらに公証役場での手続きの前にAさんの容態が変化することも想定して自筆証書遺言を作成しました。つまり、二段階の予防策を打ったわけです。実際にAさんの容態が悪化してしまい、この自筆証書遺言が役立つことになりました。

今回のケースでは弁護士が提案した信託の内容は、Aさんの指示に従ってCさんが不動産の管理と処分を行うというものです。具体的には、Aさんが自宅不動産を売却する業務をCさんに託し、そこで得た現金をAさんとBさんの療養費に充てる、そしてAさんもBさんも死亡したときに余っていたらCさんが取得する、という契約をAさんとCさんの間で交わすことでした。これをやっておくと、改めてAさんの了承がなくてもCさんが不動産の売却を最後まで実行することができるようになります。つまり、Aさんの意思疎通が困難になっても、または死亡しても信託をしておけばカバーできることになるのです。

信託はこのような制度のため、仮にCさんがAさんとBさんを裏切って売却金をCさん自身のために使ったとしても誰にも分からないことになります。

今回の場合、AさんがCさんに対して全幅の信頼をおいていたこともあり、あえて提案しませんでしたが、託す人に不安があるときは第三者の監督人を指定しておくことも可能です。

成功事例4　物件周辺の所有者が不明でも売却する

隣家の所有者が不明の物件を売却

Aさん：自宅所有者　Bさん：Aさんの隣家の所有者で長い間不在　C社：不動産業者

Aさんは所有する自宅の売却をC社に依頼したところ、すぐに希望額で買ってくれる人が見つかったので急いで売買契約を締結しました。

このときAさんは、重要事項説明書作成の際にC社へ隣家のBさんが長い間不在であることを伝えたのですが、C社は特に告知事項ではないとして買主には伝えませんでした。

しかしながら、通常、土地の売買契約では決済時までに確定測量と境界確認をすることが売主の義務となっています。一般人のAさんは、それについてC社に任せていました。

その状態で測量を開始すると、案の定隣家が不在だったので境界確認ができません。したがって、決済もできなくなりました。

Aさんは「C社のやり方がおかしい！」と憤慨し、契約を解除したいとして別の不動産

〈隣家の所有者が不明の物件を売却〉

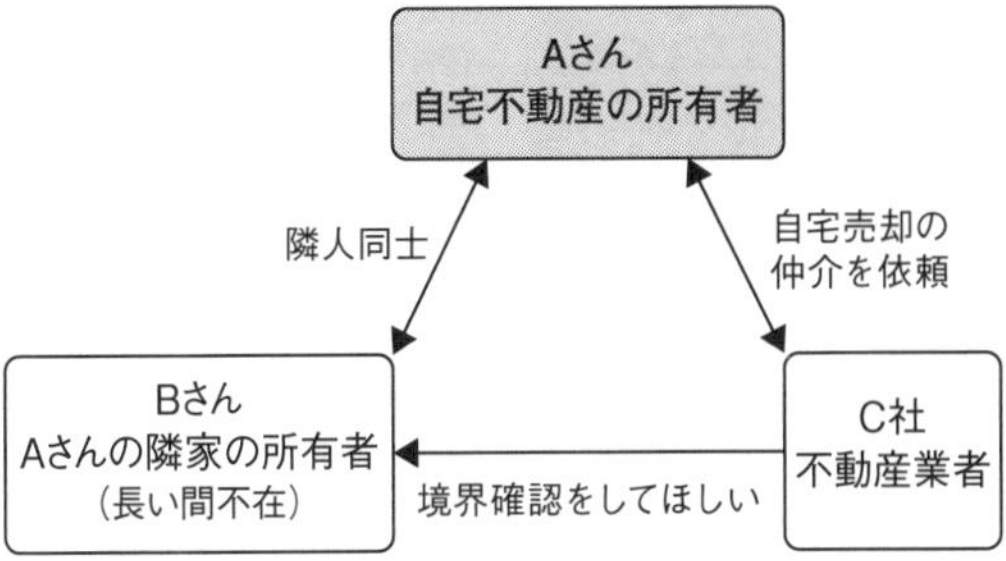

業者へ相談に行きました。

その不動産業者が弁護士に話をもって行ったところ、弁護士は2つの提案をしました。一つは法務局の筆界特定制度を使うこと。もう一つは、隣家に対して不在者財産管理人を選任してBさんに代わって境界確認をしてもらうことです。

筆界特定制度とは、土地の所有者からの申請に基づいて筆界特定登記官が外部専門家である筆界調査委員の意見も踏まえて、実地調査や測量を含むさまざまな調査を行ったうえで土地の筆界の位置を特定するものです。筆界特定制度は解決までに1年程度かかり、費用も100万円程度必要です。そのため今回は、不在者財産管理人選任の方法を採ることにしました。

こちらの費用は弁護士への報酬が25万円程度（実費含

む）と不在者財産管理人選任のための予納金が50万円でしたが、予納金はあとで30数万円が返金されたので合計40数万円でした。

そして、不在者財産管理人によってAさんの自宅は問題なく売却することができました。

さらに弁護士は、不在者財産管理人と相談してBさんの不動産も売却することにしました。ただし、仲介をするのはC社ではなく、弁護士と協業している不動産業者です。

この際の売却金は、Bさんの不在者財産管理人が取得しましたが、これによってAさんが裁判所に納めた予納金を全額返金してもらうことができました。つまり、Aさんの出費は、弁護士への25万円程度で済んだのです。

その後について補足します。不在者財産管理人は不在者本人に代わってさまざまな個人情報を取得できます。今回の不在者財産管理人が官報調査を行ったところ、不在者（隣家所有者）の死亡が確認され、そのまま相続財産管理人にスライド選任されたうえで隣家不動産の売却金が国庫帰属されることになりました。業務に不在者の土地が関連するときは、インターネット版官報を利用して所有者の氏名・住所などの関連キーワードで検索してみることをお勧めします。

これによって相続財産管理人が選任されていることが分かり、改めて不在者財産管理人を選任することなく手続きを進められた事例もあります。また、会社の合併に反対している、所在不明株主である、手形の除権決定を受けているなどのネガティブな情報だけでなく、叙勲を受けていたなどの情報を見つけて本人の所在を特定できた事例もあります。

前面道路の所有者が不在の物件を売却

Aさん：分譲地の所有者　B社：分譲した会社でAさん宅地の前面道路を所有

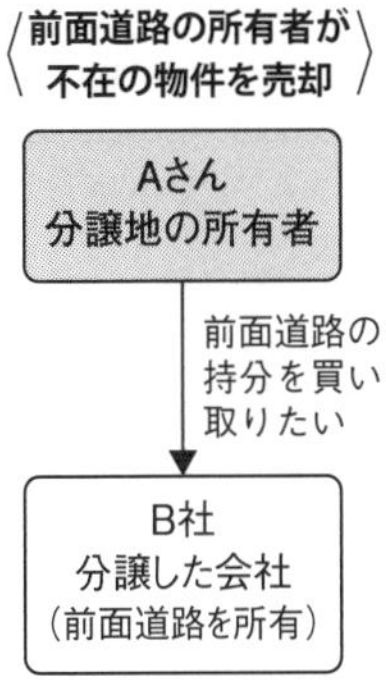

Aさんは、30年以上前にB社が開発道路を造ったうえで分譲した複数の土地の一部を購入し、自宅を建てて居住していました。
ある日Aさんは、この宅地を売却しようと不動産業者へ仲介を依頼したところ、前面道路がB社の名義のままになっていることが分かりました。通常は

行政に移管したり、分譲した宅地の各所有者に道路持分を譲ったりするのですが、今回はそのままになっていたのです。

今回のケースでは当てはまるか分かりませんが、埋設管の工事をする際などに承諾料を得たいといった理由で、あえてそのままにしている開発業者もいるようです。

とにかくこのままでは、Aさん宅地を購入しようとした人が金融機関からの融資を受けられない恐れがあります。そこでAさんの依頼を受けた不動産業者がB社のことを調べてみると本社には実体がなく、代表者も住民票の住所にはいないことが分かりました。

これではAさんの宅地は、かなり売りにくくなります。不動産業者は、協業相手の弁護士へ駆け込みました。弁護士は、さっそくB社の清算人選任の申請を裁判所に対して行い、第三者の弁護士が清算人に選任されました。そしてこの清算人は、分譲されたすべての所有者に声を掛け、希望者に対して開発道路の持分を販売しました。

販売価格については、裁判所が清算人への報酬を20万円と決めたことから、希望者で頭割りすることにしました。本件では、十数名のうちAさんを含めて4人が希望したため、4分の1ずつとして各5万円で販売することになりました。清算人はこれで役割を終え、Aさんは取得した開発道路の持分と宅地を売却し、買主も住宅ローンを組むことができました。

この事例で最も重要なのは、B社の状態を正確に把握することです。考えられるパターンは４つあり、①B社が解散していない場合はB社の代表者印が必要②B社が解散しているが清算が終了していない場合は、B社清算人印が必要③B社が解散して清算も終了し、終了前に道路の売買契約も済んでいる場合は清算人個人の実印で登記④それ以外の場合は、B社に清算人を再度選任してもらうか、今回のように裁判所に清算人を選任してもらう手続きが必要です。この場合、弁護士などの第三者が清算人になることが多く、依頼したい業務だけの清算人となることからスポット清算人などと呼ばれます。

成功事例5　物件を売却して自己破産の費用を捻出する

任意売却によって自己破産の費用を捻出

Aさん：会社代表者

〈任意売却によって自己破産の費用を捻出〉

Aさん
会社代表者
（自宅を売却して自己破産をしたい）

Aさんは会社を立ち上げて事業を行っており、代表者として会社の連帯保証人にもなっていました。ところがAさんは、事業に失敗して事業資金5000万円の支払いが困難となってしまいました。その返済に充てられる財産として考えられるのは、自宅マンションくらいしかありません。しかし、当時のローン残高は約4000万円あり、これに対してマンションの価値は約3000万円でした。つまり、マンションを売却してもローンを完済できない、いわゆるオーバーローンの状態になってしまいます。

追い詰められたAさんは、自己破産するしかないと考えました。

そこで弁護士に手続きを依頼したところ、実費と弁護士費用の総額で少なくとも100万円（Aさんと会社の合計）は必要と言われてしまいました。

Aさんにそんなお金はありません。彼は「自己破産さえできないのか」と途方に暮れ、自宅マンションを少しでも高く売って、できるだけ借金を返済できないかと、今度は不動産業者へ相談に行きました。

不動産業者は、そのマンションの売値を頑張っても3000万円が限界と判断しました。これではやはり1000万円の住宅ローンが残ってしまい、借金の返済どころか、住宅ローンを完済することさえできません。したがってAさんの選択肢は、なんとか100万円を調達して自己破産することだけということになります。

そこで不動産業者は、Aさんが相談したのとは別の弁護士へ助けを求めました。

するとその弁護士は、住宅ローン会社に対して任意売却により少しでも住宅ローンの支払いに協力する代わりに破産手続き費用を捻出することを交渉し、了解を得ることができました。

具体的には、住宅ローン会社に対してマンションの売却価格である3000万円のうち

3％の90万円を自己破産のための費用として認めさせたのです。
Aさんは、この90万円を元手に弁護士に依頼して自己破産をすることができました。

では、細かな手法について補足します。今回のようなケースの場合、担保権者（住宅ローン会社等）に対して、弁護士から自己破産の費用に関する見積書を提出することで納得が得られやすくなります。これは破産手続き費用の見積書が会社の稟議で必要になるからです。

また、弁護士の介入（担保権者への交渉等）方法については注意が必要です。介入することで対象不動産の売却情報がネット上などで確認できるようになると、担保権者以外の債権者が対象不動産に仮差押えをするなどの対抗措置を行う可能性があります。そうなると自己破産の費用を捻出するために任意売却を行うという目的が達成できなくなってしまいます。弁護士の介入方法や費用は、事前によく協議する必要があります。

高齢店主が納得する自己破産へ導く

A社：弁当店　Bさん：A社の代表者

C社：Bさんの自宅の住宅ローン会社で抵当権設定あり

D社：A社に事業資金を提供する金融機関の信用保証協会で抵当権設定なし

〈高齢店主が納得する自己破産へ導く〉

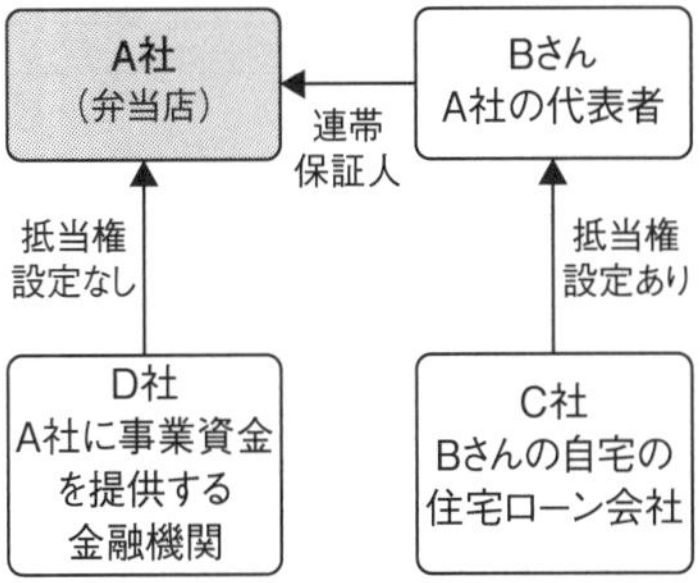

Bさんは高齢で後継ぎもいないのでA社を閉めたいと思いました。また、C社から借りている自宅のローンは800万円ほどしか残っていないため、売却して老後の住居（賃貸）へ転居したいと考えて不動産業者へ相談に行きました。

不動産業者は、Bさんの自宅は2500万円ほどで売却できると判断しました。したがって、諸経費を差し引いても1500万円ほどBさんの手元に残ることになります。

しかし、ここでBさんが代表を務めるA社のD社に対する借金が3000万円もあったことが発覚します。これを返済するには、自宅を売却しても足りません。どうすればBさんにとっていちばん良い結果となるのか、知り合いの弁護士へ相談することにしました。

Bさんは A社の連帯保証人になっています。このような場合、Bさんの不動産を安価で売却したとなればD社から詐害行為（債務者が債権者を害する行為）として取り消し、またはBさんが破産しても破産管財人から否認権を行使されて不動産売買自体を無効とされる可能性があります。

また、A社とBさんが自己破産をして、破産管財人がBさんの自宅不動産を任意売却するという方法もあります。しかし、これだと自己破産の弁護士費用や引っ越しの費用、その後の生活費などを捻出する見通しが立ちにくくなります。

そこで弁護士は、自己破産をする前にBさんの自宅不動産を適正価格で任意売却し、前述のようにBさんの手元に残った1500万円の一部を自己破産の弁護士費用や引っ越し費用などに充てることを提案しました。

ここでの注意点は、適正価格で任意売却をするということです。本件のように不動産の売却価格が抵当権の設定額よりも高い場合、抵当権者としては不動産の売却によって満額回収できるので、仮に適正価格より安価でも任意売却を認めてしまいます。しかしここでほかの債権者（ここではD社）がいた場合は、彼らの取り分が少なくなるので詐害行為取り消しや否認権を行使される可能性があります。

したがって、不動産の売却価格が抵当権の設定額よりも高い場合は、その価格が相場よりも安価でないか、それによって抵当権を有していない債権者が不利益を被らないかを十分に検討する必要があります。

今回も数社から不動産査定書を取って適正価格による任意売却を目指すことにしました。もちろん、事前に協業する不動産業者と弁護士で価格に関する打ち合わせも綿密に行いました。

その結果、協業する不動産業者によって任意売却が成立し、その後弁護士が破産手続き開始の申し立てを行うことで、破産管財人にBさんの自己破産後の生活費として100万円（自由財産の拡張といいます）を認めてもらうこともできました。

不動産の売却とともに自己破産を検討する場合は、自己破産の費用や当面の生活費を不動産売却金のなかから捻出することが可能です。それを知らないまま安易に任意売却を進めると顧客にとって満足のいく結果とはなりません。やはり、弁護士と協業しながら、どのような段取りで任意売却を進めていくか検討するのが得策です。

なお、不動産の売却金額が設定された抵当権よりも低い、いわゆるオーバーローンの場合は、売却価格が問題となることは少ないといえます。なぜなら、この場合に借金を返済してもらえる権利があるのは抵当権者だけだからです。

例えば、自宅の売却価格が2000万円で、抵当権の債権が3000万円といったケースでは、抵当権者は差額1000万円について泣く（損をする）ことになります。そのため、売却価格が適正かどうかを抵当権者が十分に調べるので、価格に関して問題となることは少なくなります。

また、不動産を売却するより先に債務者側の弁護士が介入してくると、債権者から不動産に対し仮差押えをされる可能性があります。こうなると任意売却をすることは困難となります。ですから、債務者の弁護士の介入時期についても十分に検討する必要があります。

ところで今回の事例では、不動産の売却益について譲渡所得税がかかることはないのでしょうか。その点も税理士に確認しました。

自己破産をする場合、多くは所得税が免除されます。今回も免除されました。

しかし例えばD社の債務が1000万円だった場合、Bさんの手元には500万円の現金が残ることになります。したがって、自己破産もしなくてよくなりますから、譲渡所得税が免除となることは原則としてあり得ません。

ただし、3000万円の特別控除など居住用財産の特例（国税庁タックスアンサーNo．3320）や保証債務を履行するために不動産を売却したときの特例（国税庁タックスアンサーNo．3220）を用いれば、譲渡所得税の対象とはならない可能性が高くなります。

このようなことから任意売却については、税理士の協力も受けながら実行していく必要があります。

成功事例6　担保に取られた物件や代金を回収する

抵当権消滅請求を利用

Aさん：B社代表者　B社：水産物の冷凍食品を販売する会社
C社：住宅ローン会社（Aさんの自宅マンションの一番抵当権者）
D社：B社へ水産物を卸している会社（二番抵当権者）

Aさんの自宅マンションの価値は3000万円です。C社より住宅ローン2500万円の抵当権、D社よりB社に対する売掛金を担保するため極度額5000万円の根抵当権が設定されていました。

当時のD社への売掛残は1000万円ほどでしたが、社長は個人保証をしていませんでした。

この状態で経営が悪化したためAさんは、D社に対して売却諸経費を引いた400万円弱の支払いをもって根抵当権の抹消に応じるよう交渉しました。しかし、D社はあくまでも全額弁済にこだわって一歩も譲りません。
このままでは自宅マンションの競売もやむなく、そうするとC社の住宅ローンが全額返済できなくなってしまう可能性があります。そこでAさんは、不動産業者に相談に行きました。

〈抵当権消滅請求を利用〉

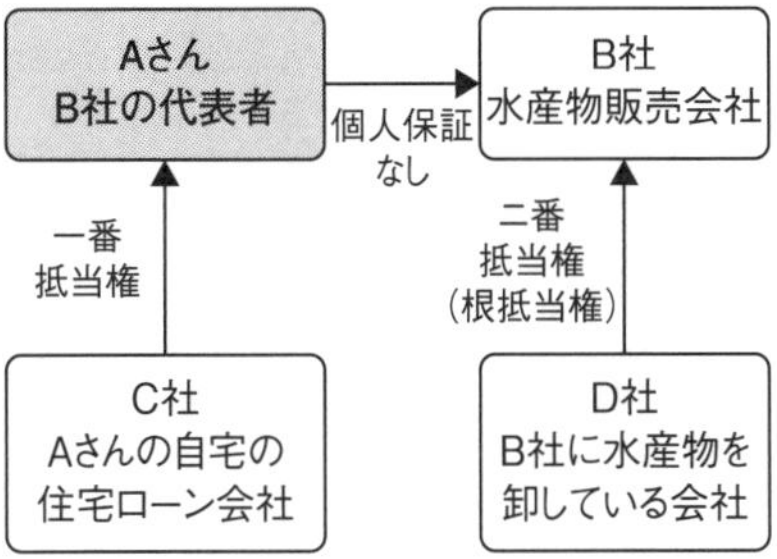

ところがその不動産業者は、抵当権関連のエキスパートではありませんでした。そのため、協業相手の弁護士に話をもって行きました。
そしてAさんは、その弁護士を交渉窓口として再びD社と交渉することになりました。何度も何度も足を運び、繰り返し交渉に臨みましたが、D社は頑なに全額返済にこだわり、一向に譲る気がありませんでした。
こうなったら次の手段に出るしかありません。Aさんは弁護士と話し合って、マンションを2800万円で売却することを前提に、C社へ2500万円（全額返済)、仲介手数料約100万円、引っ越しおよび転居先初期費用100万円、弁護士費用100万円という資金計画を組んで、D社に抵当権消滅請求をしました。

売却代金が200万円減額となっていますが、これは抵当権消滅請求というイレギュラーな対応のため、買主が金融機関から融資を受けられず現金で取得することになるためやむなくの判断でした。

これに対してD社は、自社に1円も入らないとAさんの代理人弁護士を激しく責め立て、当初提案していた400万円で抹消に応じると言い出しました。

しかし、もはや手遅れです。結局D社は何も法的措置をとらず、抵当権は消滅されることになりました。

しかし、それでもD社は抵当権抹消に応じませんでした。そのため、Aさんは抹消登記訴訟を提起。その結果、D社欠席で勝訴となり、無事に自宅マンションを売却することができました。

不動産について合理的な売却価格を前提に任意売却の提案をしているのに、これに応じない担保権者は少なくありません。相手が金融機関ならばそのようなことはほとんどありませんが、一般的な法人などの場合は比較的多いように思います。

今回のD社がまさにそうでした。D社としてはこの際、抵当権消滅請求に対抗するためには自ら競売を申し立てるという手段がありました。

しかし、競売となると価格が2500万円以下になる可能性が高く、無剰余取消し、つまり、後順位抵当権者が競売手続きをしても、買受可能価格がC社（一番抵当権者）への弁済と競売費用を支払うのに満たない場合は、裁判所は申し立てを却下してしまいます。ちなみに競売の買受可能価格というのは、入札できる最低ラインの価格です。これは売却基準価額の8割とされています。また、売却基準価額は、裁判所の評価人（不動産鑑定士）が算定した価格の7割とされています。つまり、競売の買受可能価格は市場価格の56％程度となり、本件の場合は自宅マンションの市場価格が3000万円でしたから1680万円ということになります。

一方でC社の担保権は2500万円。これでは無剰余取消しになる可能性が高いといえます。さらにD社が競売をするためには裁判所への費用として約100万円を用意する必要があったため、赤字のリスクを考えると競売の申し立てはできなかったのだと考えられます。

なお、同じ競売取消しでも無剰余取消しではなく開札されたが落札者が誰もいなかった場合は、抵当権消滅請求は認められません。

抵当権消滅請求は、以前は滌除《てきじょ》という制度で悪法といわれていました。漫画『ナニワ金融道78発目』『これがプロの金融屋のやり方や!!』では、抵当権者であるアカ信ファイナンスの社長が滌除をした帝国金融に対し「金融のプロが仕掛けてきた法律の悪用やねん」と発言しています。

しかしながら、滌除が悪法といわれていた理由は、増加競売（落札者がいなければ競売申立人が1割増しで購入しなければならずその購入資金が必要な競売）をしなければならなかったからです。増加競売が廃止された現在は、悪法とはいえず所有者としての正当な権利の行使といえます。

譲渡担保契約をした自宅を取り戻す

Aさん：会社代表者　Bさん：Aさんの息子（大手企業に就職したばかり）
Cさん：Aさんの知人

〈譲渡担保契約をした自宅を取り戻す〉

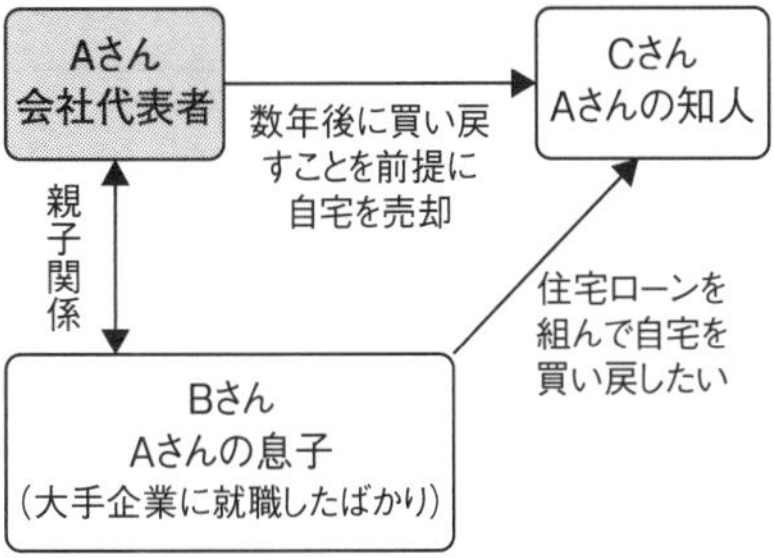

Aさんは自身が経営している会社が立ち行かなくなり、連帯保証人でもあったことから、自宅を差し押さえられる可能性がありました。自宅不動産の価値は5000万円で住宅ローンが2000万円ほど残っていました。

Aさんが知人のCさんに相談したところ、2000万円で自宅不動産を買うのでこれで住宅ローンを完済し、5年以内にAさんの息子で就職したばかりのBさんが住宅ローンを組んで買い戻せばいいという提案をしてくれました。Aさんにとっては、まさに渡りに船です。すぐにその提案に従いました。

Aさんは、その後も自宅不動産に住み続けており、固定資産税の納付書はCさんへ送付されるものの、都度Aさんへ転送されて彼が支払っていました。

そして3年後、Bさんも就職して3年が経ち、住宅ローンを組めるようになりました。そこで約束どおり買い戻したいとCさんへ声を掛けたところ、Cさんから「自宅不動産の価値である5000万円で買い取るのであれば手放す。そうでなければ第三者に売却するので引っ越してほしい。家賃も払わず3年間住んでいたのだから差額3000万円は3年分の家賃だ」と言われてしまいました。

困り果てたAさんとBさんは、不動産業者に相談することにしました。不動産業者は、自宅不動産の価値が5000万円以上あることを確認したうえで、「これを2000万円で手に入れたとなると税金の問題が生じますよ」とCさんに説明したのですが、聞く耳をもちません。らちがあかないので知り合いの弁護士につなぐことにしました。

このケースのように不動産売買契約のなかには、形式は売買でありながら実質は貸金担保であることが珍しくありません。

問題を複雑にさせるのは、契約書の形式が売買とまったく同じというところです。ただし、受領した売買代金を返金する予定がある（不動産は買い戻す）、代金が相場よりかけ離れている、売買したのに売主が住み続けている、などの場合は実質は貸金担保だと主張しやすくなります。最高裁平成18年2月7日判決でも、「買戻特約付売買契約の形式が採られていても、目的不動産の占有の移転を伴わない契約は、特段の事情のない限り、債権担保の目的で締結されたものと推認され」るとしています。要するに買戻しの約束の有無のほか、売主が占有したままかどうかが重要だとしているのです。

本件でも買戻し特約が契約書には明示されてはいませんでしたが、価値が5000万円の不動産を2000万円で売買されていることから、AさんとBさんの証言をもって買戻し特約があるものと認められる可能性が高いといえます。

さらに占有もAさんのままだったので、貸金担保の契約（正式には譲渡担保契約といいます）だと認定してもらうことができました。

貸金担保の契約ならば、Cさんはこの不動産を担保物ではなく自らの所有物と扱ってもらうために支払った額と実際の不動産価格の差額をAさんに支払う必要があります。この金銭のことを清算金といいます。

一方でAさんは、Cさんに対して貸金を返還するので自宅不動産の名義を戻すよう求めることができます。これを受戻権といいます。弁護士と話し合ったAさんは、Cさんに対して受戻権を行使し、自宅不動産の名義を自分に戻す請求をすることにしました。

ここで本件では、訴訟（裁判）ではなく民事調停によって解決することを選択しました。訴訟とは、裁判所で裁判官が判断し、判決には強制力があるものです。一方で調停とは、裁判所で調停委員のアドバイスを基に当事者同士が話し合って解決するものです。今回は、調停委員のなかに不動産鑑定士もいるので、調停のほうが自宅不動産の適正価格を見据えた話し合いができると考えました。

その結果、Cさんから借りた2000万円と、これに対する年15％の利息（3年分900万円で利息制限法の上限）、解決金名目で100万円を上乗せし、3000万円にてBさんが住宅ローンを組んで購入することとなりました。この提案にCさんからは特に反論はありませんでした。Cさんが反論しなかった理由として考えられるのは、貸金業者としての登録を受けていなかったため深掘りされるのを避けたということです。

さて、実際は貸金担保の意味で不動産売買を行うことは昔からあり、その際双方が自身に都合良く解釈することがあるためトラブルも多発しています。今回の事例で説明すると、担保に取ったCさんは清算金を支払わなければ自宅不動産の所有権を取得したことにはならず、Aさんに退去を求めることもできません。ただし、不動産の価値が貸金額よりも低ければ清算金の支払いは必要ありませんが、CさんはAさんに所有権を取得していることを通知する必要があります。

このようにCさんが、貸金の弁済金のあとに清算金の支払いまたは支払いが必要ない旨の通知をして所有権を取得することを譲渡担保権の「実行」といいます。

一方でAさんは、この「実行」があるまでは受戻権を行使して自宅不動産の名義を自身へ戻すよう請求することができます。ここで、それはいつまでできるのかが問題になります。これについては、Cさんが担保不動産によってどのように返済を受ける予定であったかで判断されます。

考えられるのは2パターンです。①Cさんが自宅不動産の所有権を取得することで返済を受けたことにする予定だった②Cさんが自宅不動産の所有権を第三者に売却することで売却金をもって返済を受ける予定だった。

①のときはCさんが清算金を支払うまで、または第三者へ売却するまで、②のときは第三者へ売却するまでが受戻権行使の期限となります。なお、貸金担保の契約に関しては、利息制限法、貸金業法、出資法などの規制があるので、これらについても注意が必要です。

接道義務を果たさない物件に支払った代金を取り戻す

Aさん：会社代表者　Bさん：Aさんの娘婿　C社：住宅ローン会社

Aさんは20年前に自宅不動産を1億2000万円で購入し、現時点で住宅ローンが4000万円ほど残っていました。そしてコロナ禍によってAさんの会社経営が行き詰まり、住宅ローンの支払いも困難になってしまったのです。

焦ったAさんは、Bさん夫婦に自宅土地建物を二分割し、その半分を4000万円で購入してほしいともち掛けました。Bさんは当初この話にまったく乗り気ではありませんでしたが、妻からも連日にわたり必死に説得されると折れざるを得ません。そしてBさんは現金で2000万円、医療職のBさん妻は住宅ローンで2000万円を調達し、Aさんの依頼に応じたのです。

Aさんはこの時点で住宅ローンをすでに3カ月以上滞納しており、このままだと競売になってしまう状況にまで追い詰められています。そのためBさん夫婦と売買契約書を交わし、Bさんのみが現金で2000万円を支払ったところで土地建物はまだ二分割にされていませんでしたが、現金2000万円をC社へ支払ってしまいました。

〈接道義務を果たせない物件に支払った代金を取り戻す〉

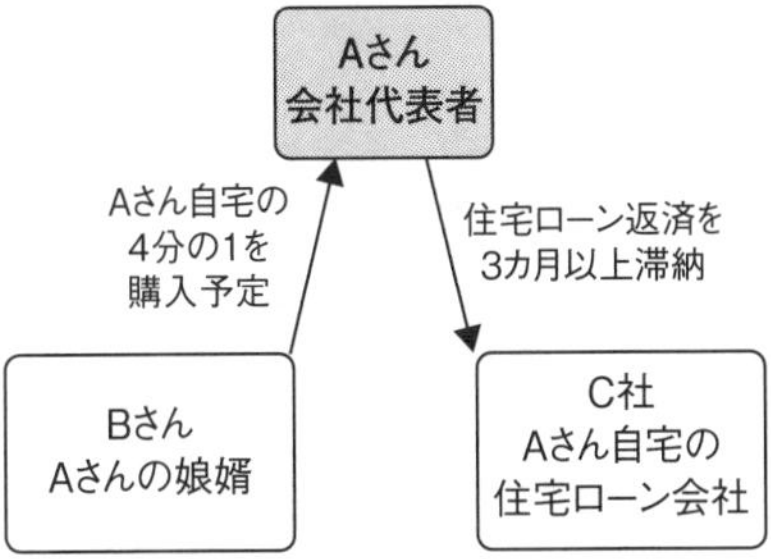

ところがいざ建物と敷地を二分割しようとしたところ、Bさんが取得する予定の敷地には接道がないことが判明したのです。このままでは、この先自宅などの建物を建てることができません。当然Bさんの妻の住宅ローンも実行されません。その後いろいろと策を講じたのですが、ついに手詰まりとなりました。

同時にBさん夫婦はどんどん不仲になっていき、ついに離婚することになってしまいました。

ここでBさんにとって最も大きな問題は、支払った2000万円がどうなるかです。購入代金を半分だけ支払ったものの、残りの2000万円を支払うことはできません。そのため売買契約を解除できないかと考え、不動産業者へ相談に行きました。

不動産業者は、まず話を整理することから始めました。Bさんは、4000万円で土地建物（二分割した片方）を購入する契約をしたのに、2000万円しか支払えていません。

つまり、残金2000万円を支払って土地建物（二分割した片方）の所有権を手に入れるか、売買契約を解除して支払い済みの2000万円の返金を受けるかの二者択一となります。しかしながら、Bさんとしては離婚をしてしまった以上、後者一択で考えざるを得ません。

ただし、後者を選択する場合は、売買契約を解除する理由が必要になります。本件では接道義務を果たしていない（建物を建てられない）、Aさんの住宅ローンがあと2000万円残っているがAさんはこれを完済して抵当権を解除することができない、ということがそれに当てはまります。

そこで不動産業者はBさんへ弁護士を紹介しました。そして弁護士は、売買契約の解除の意思表示を行うことで支払い済みの2000万円の返還をAさんに求めることにしました。

ただし、ここでも問題が発生します。契約解除の意思表示には、原則として契約当事者全員、つまりBさん夫婦双方から発する必要があります。そのため、元妻への説得には時間を要しました。

さて、Aさんに2000万円の返還を求めるといっても、Aさんに返済資金がないことは分かっています。ですから、Aさんの自宅不動産を売却して回収するほかありません。

そのため不動産業者が査定をしたところ、7000万円くらいの価値があることが判明しました。これだけあれば住宅ローン会社へ2000万円返済しても、Bさんへ2000万円返還することができます。弁護士はさっそくAさんの自宅不動産に対して仮差押えをする手続きに入りました。

さらにBさんは、Aさんに対して2000万円と遅延利息100万円の返還請求を求め、判決で認めさせました。

ところが競売裁判所における自宅不動産の評価は4500万円で、買受可能価格（いわゆる最低入札価格のこと）は3600万円とされてしまいました。これでは競売を進めてもBさんは満額の配当が得られない可能性があります。

競売裁判所がそのような評価をした理由は、対象の敷地に最大5メートルほどの擁壁があり、その構造に関する資料がないため安全性を担保できないからでした。工事をやり直すことになると、1000万円以上の費用がかかるとのことでした。

このような事態でも柔軟に対応できるのが協業です。すぐにBさんが指定した不動産業者が問題の擁壁について詳細に調査したところ、そのままでも安全性に問題がないことが判明しました。そしてさらに6000万円で購入する買主も見つけてきてくれたので、競売の申し立ては取り下げて任意売却をすることになりました。

その結果、競売手続きに100万円、C社に2500万円、Bさんに2100万円、仲介手数料そのほか諸経費に300万円支払っても、Aさんに1000万円程度の手残りを渡すことができました。

今回のケースは、不動産業者と弁護士が互いの強みを十分に発揮して解決に導いた好例です。また、Aさんも含めて関係者全員が納得をして解決できた事案でもあります。

Bさんの債権を満額回収するためには、Aさんが自宅不動産の任意売却に向けて能動的に動いてもらう必要がありました。そのため、AさんにBさん指定の不動産業者を紹介し、その業者にAさんの代理人的な役割も担ってもらうことで、Aさんが売却活動を積極的に行ってくれるようになりました。

Aさんとしては、Bさんから紹介された不動産業者であれば、結果的に彼の債権が満額回収できなかったとしても納得してもらえるはずだと考え、任意売却に応じたと推察できます。

競売は一般的に任意売却よりも安くなってしまうといわれていますが、その理由は今回のケースのように所有者からの情報や役所の調査が不十分なため、ということが多々あります。そのため、やはり競売よりも十分な情報に基づいて正しく評価できる任意売却のほうが適正価格で取引できる可能性が高まります。

本件のように解決の糸口は弁護士が見つけても、最終的な出口で不動産業者の専門性が必要な事案も少なくありません。協業ではこのような連携体制を構築するためにも、常に情報交換を怠らないことが必要といえます。

成功事例7　借地・借家権を巡る争いを解決する

借地権の時効取得を利用して土地を取り戻す

Aさん：土地の所有者　B社：Aさんの土地を借りている会社
C社・D社：Aさんの土地を買った不動産業者　E社：D社に資金提供した貸金業者

B社は8年前よりAさんから借りた土地に工場を建てて自動車修理業を営んでいました。AさんとB社は良好な関係にあり、B社が借地借家法の借地権を主張しないことを前提としていたため、B社は工場の建物の登記をしないことにしていたのです。

なおB社が廃業するときは借地権を無条件でAさんに返還することになることで合意しており、これで借地借家法の適用を排除できるわけではありませんが、AさんとB社は可能と認識していました。

ところがある日、Aさんは電話営業してきた不動産業者に騙されて、隣の土地を売るはずだったのにB社に貸している土地をC社に売却してしまい、C社も3カ月後にはD社に

〈借地権の時効取得を利用して土地を取り戻す〉

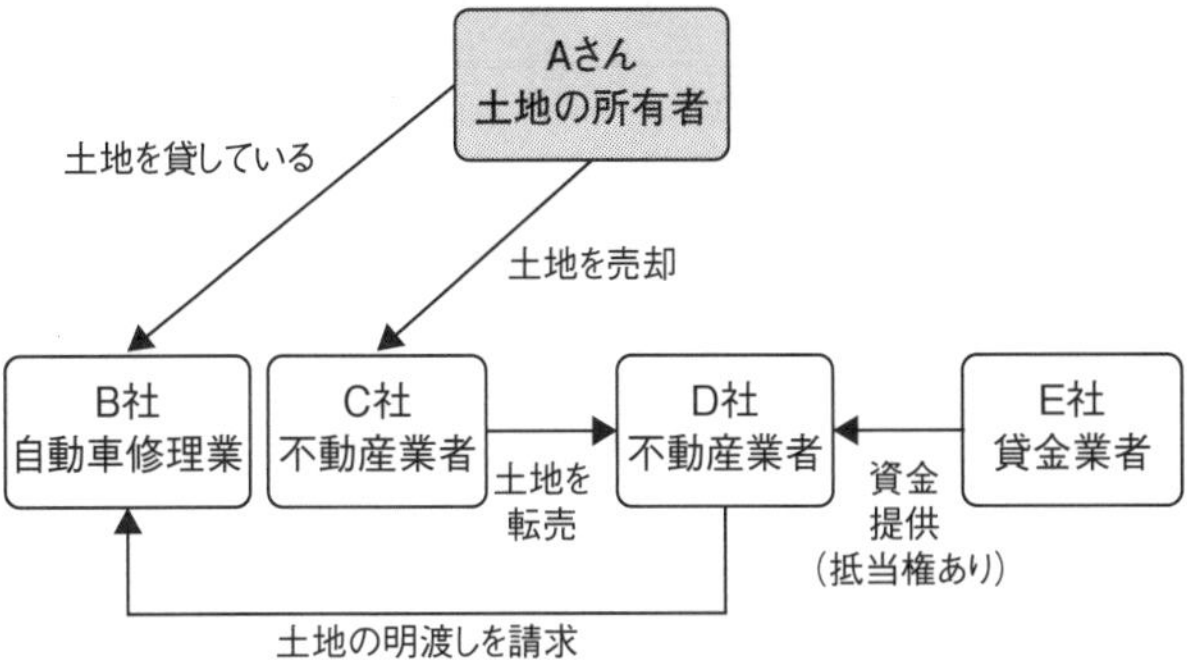

8000万円で転売してしまいました。

D社は貸金業者E社から購入資金を調達したため、その土地にはE社の抵当権（8000万円）が設定されています。ちなみに同土地の更地価格は1億円ということです。B社は建物の登記をしていなかったのでD社に対して借地権を主張できず、D社から工場を収去して土地を明渡すよう言われて困り、不動産業者に相談することにしました。

不動産業者は、その土地が路線価で借地権割合6割だったため、少し色を付けて5000万円で底地を購入したいとB社の媒介人としてD社に申し入れました。

しかしD社としては、それではE社の抵当権が解除されません。両社身動きが取れない状況になってしまいました。そのためAさんが弁護士を立てて、C社とD社に対して錯誤を理由として所有権移転登記の抹消、E社に対して抵当権の抹消を求めて訴訟を起こしました。

ところがAさんの希望はなかなか通りません。C社への錯誤無効は認められたものの、D社とE社は善意の第三者として保護されたからです。そのまま事態が進展せずに5年が経過し、その間にD社は資金不足で営業活動ができず事実上倒産し、E社も大量の顧客から過払金返還請求を受けて破産の状態に陥ってしまいました。

その事実を知ったB社は、今が攻め時ではないか、と思いました。だからといって、E社の破産管財人などとどのように交渉をすればいいのか分かりません。そこで再度不動産業者に相談しました。

しかし、不動産業者としてはもはや手に負えません。そのため、Aさんが依頼した弁護士とは別の弁護士を紹介しました。その弁護士は、D社とE社に対して借地権を前提とした買取り交渉を行うことにしました。この時点でB社が借地契約を開始して10年以上が経過しています。借地権は不備があっても10年（不備があったことを知っていれば20年）経過していれば、不備のない借地権を時効取得することが可能です。したがって、B社は借地権の開始時に不備があると知らなかったので、10年が経過した時点で不備のない借地権を時効取得したと理論構成し、買取りが可能と考えたのです。

E社の破産管財人はこれに同意しました。しかし、肝心のD社の代表が夜逃げ状態で居所が分からなくなっていました。これでは交渉自体ができません。この事情をE社の破産管財人へ伝えると、D社に対する債権を購入しないか、と提案されました。

そこで抵当権が設定されている本件の底地を不動産鑑定士に鑑定してもらったところ2000万円余りという判断が出ました。借地権割合でいうと底地は4割となるはずですが、実際の市場価値は2割程度というのが不動産鑑定士の見解でした。

この鑑定書を基にE社の破産管財人と交渉し、B社はD社に対する債権（額面8000万円＋遅延損害金）を2500万円で抵当権とともに譲り受けました。ちなみにこの2500万円はAさんがB社に貸し付けたものです。

次にD社は代表が夜逃げしたことをもって支払停止事由があったと判断し、D社の債権者の地位にあるB社の申し立てにより、D社の破産手続きを行ってD社の破産管財人から本件土地を購入することにしました。

市場価値が2000万円余りに対してD社の債権は8000万円ですから、D社が債務超過の状態に陥っていることは明らかです。それゆえ破産手続きが認められたというわけです。

こうしてB社はD社の破産管財人から本件の土地を購入することができ、さらにB社はD社の債権ももっているので、これと相殺する形で本件土地の所有権も手に入れることができました。そして、B社はAさんから借りた2500万円を返済するために本件の土地の底地をAさんに譲り渡し、Aさんが騙される前の状況に戻すことができました。

さて、D社のように代表者と連絡が取れない場合は、取引をすることが困難です。D社は正式には解散をしていないので、清算人を選任してもらうこともできません。そこで考えたのが事実上の倒産状態であるD社を正式に破産させ、破産管財人と取引をするという荒技でした。

破産手続きを開始するには地方裁判所へ申し立てをする必要がありますが、これはD社自身やD社の役員だけでなく、債権者でも行うことができます。そのため、B社がD社の債権者になるために、D社の債権者であるE社から債権譲渡を受けることにしました。

また、D社が破産状態と主張するには、「債務超過」（財産をもって債務を完済できない状態）などであることが前提となります。つまり、D社は本件土地を所有していたので、これを競売してもD社が債務を完済できない状況であることを証明する必要があり、そのために不動産鑑定士の鑑定を求めたというわけです。

この事例で最も重要だったのは、B社の借地権の効力をD社とE社に対して主張できるかという点です。本来、建物の登記をしていない借地権は、第三者に効力を主張できません。しかし、B社は10年以上も借地状態を継続してきたので、この状態を借地権の時効取得という制度を用いて法律上保護できないかと考えました。その結果、本件土地の価値を底地評価まで下げることができ、E社の破産管財人から更地価格1億の土地を2500万円で手に入れることができたのです。

なお、最高裁平成23年1月21日判決により、借地権を時効取得した場合、所有者には対抗できるが、抵当権者には対抗できないことになりました。そのため、B社の借地権はD社には対抗できてもE社には対抗できないことになります。この事例当時、もしこの最高裁判決が出ていたらE社の破産管財人は債権を2500万円では譲らず、6000万～7000万円程度の価格提示をしてきたものと思われます。そういった意味ではラッキーなタイミングで解決できた事例でした。

借地非訟制度を利用して借地権を売却

Aさん：建物の所有者で土地を借りている　Bさん：地主　C社：不動産業者

ある日、建物を使わなくなったAさんが地主のBさんに対して借地権を買い取ってほしいとお願いしたところ、Bさんはこれを拒否し、「使わないなら建物を壊して更地にして返してください」と回答しました。

使わない借地に地代は払いたくない。だからといって建物の解体費用も支払えない。困ってしまったAさんは、不動産業者に相談することにしました。

すると不動産業者は、借地権付き建物として買い取ってくれるというC社を紹介してくれました。しかし、Bさんはこれも拒否し、不動産業者を介してAさんが承諾料を支払うと言っても受け入れてくれません。仕方がないので不動産業者はAさんに弁護士を紹介しました。

弁護士が不動産業者にこの借地権の相場を確認したところ3000万円弱ということでした。そして、AさんとC社は弁護士を介して協議し、Bさんの承認が得られないことを踏まえて500万円で売却することを決めました。ただし、Bさんの承諾に代わる許可を裁判所から得ること（借地非訟制度といいます）を決済条件としました。

〈借地非訟制度を利用して借地権を売却〉

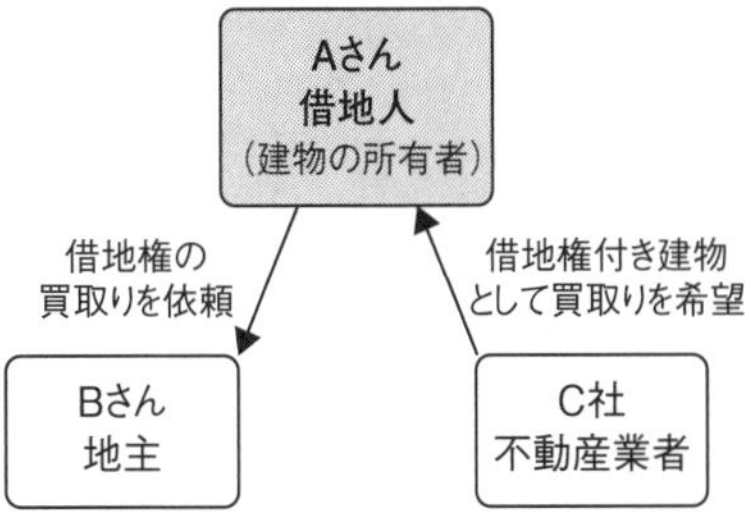

弁護士（代理人）がその許可を裁判所に求めると、約1年後にC社に売るならBさんへ承諾料300万円（C社が建物を建て替えるならさらに150万円を追加）、Bさんが借地権を買い取るなら3000万円という判断が出ました。

裁判所の判断が出たらBさんはそれに従うしかありません。ただし、価格交渉の余地は残されていました。

そこでA、B、Cで協議した結果、Bさんが借地権を

1500万円で買い取り、その1500万円のなかからAさんがC社との売買契約のとおり500万円を取得し、C社は残り1000万円を取得するという和解がまとまりました。

さて、3000万円が相場とされる借地権を、C社が500万円で購入するのは安過ぎだと思えるかもしれません。しかしながら、C社としては裁判の費用と時間（1年から1年半くらい）のリスクがあります。借地権の譲渡は、地主に無断で行うと借地契約を解除されてしまうのが原則です。また、裁判所の許可があれば適法に借地権の譲渡はできますが、係争地のため金融機関は融資をしてくれません。つまり、C社は現金で購入するとともに、転売するならば現金で購入してくれる買主を探さなければならないのです。

さらに転売するとなれば、もう一度裁判所の許可と承諾料が必要となります。以上のリスクを踏まえると500万円という金額はやむを得ないといえます。

またBさんは、AさんとC社による借地権譲渡の承諾に代わる裁判所の許可に対し、自分に買い取らせるよう請求する権利があります（優先譲受権、介入権、先買権などといいます）。しかし、裁判所が判断する買取価格は一般的な市場価格よりも高額に算定されてしまう傾向にあり、今回のケースもそのような判断でした。

地主に建物の買取りを請求

Aさん：建物の所有者で土地を借りている　Bさん：地主

〈地主に建物の買取りを請求〉

AさんはBさんから土地を借り、自宅を建てて20年間居住していました。しかし、高齢になったことから施設に入所しようとBさんに借地権の買取りを依頼しました。

ところがBさんからは、「使わないなら建物を壊して更地で返すように」と拒まれてしまいました。

Aさんは、借地権を買い取ってもらえないと施設への入所費用を捻出できません。そこでAさんは、昔から付き合いのある不動産業者へ相談しました。すると、「建物は築20年で価値は乏しいが、自分が住んでもいいので50万円なら引き取る」と提案されました。Aさんはその金額でも構わないと思い、さっそく、売買契約書を作ってもらうことにしました。

ところが、Bさんは不動産業者へ借地権を譲渡することも承諾してくれません。これでは不動産業者もお手上げなので、弁護士へ相談することにしました。

しかしながら、借地権の譲渡が信頼関係の破壊に当たるといえない特別な事情があるときは、例外的に借地契約の解除ができないという最高裁の判例があります。

また、仮にそのような特別な事情がないとしても、建物を譲り受けた人は地主に建物を買い取ることを請求できます（建物買取請求権といいます）。

今回はBさんが更地返還を頑なに求めていること（Aさんに建物の解体費用を負担する余裕はないので無理）、不動産業者の属性（資力が十分であることなど）に問題がなく利用形態も変わらないことなどの事情があり、信頼関係の破壊があるといえない（解除できない）と判断される可能性もそれなりにあると思われます。

また、仮に信頼関係の破壊がある（解除できる）とされても、不動産業者は建物の買取りを請求できます。つまり、Aさんは建物解体（更地返還）費用を免れ、不動産業者は建物の売却金を手に入れることになります。

弁護士はそのことをAさんと不動産業者へ丁寧に説明し、両者はBさんの承認を得られない状態で借地権の譲渡契約を結ぶことにしました。

その結果として借地契約は解除できると裁判所に判断されたものの、その後不動産業者はBさんに建物の買取りを請求して数百万円を得ることができました。

なおこの買取価格は、一般的に土地を占有していることの場所的利益として土地価格の1～2割程度、さらにプラスで建物価格としてたとえ市場価値がゼロ査定であっても最低50万円程度の値が付くことが多いです。

立ち退き料を支払って円満解決

Aさん：土地を借りて建物を建てて賃貸している　Bさん：地主　Cさん：借家人

Bさんは Aさんに50年以上土地を貸しており、あと3年で借地の更新時期を迎えます。

Bさんは、Aさんの建物が老朽化していることもあり、次回は更新せずに土地を更地にして返してほしいと考えていました。Aさんも70歳を超えており、老後の資金としてある程度のお金が入るのなら、Bさんの要求に応じてもいいと思っていました。しかし、借家人であるCさんがAさんの建物で焼き肉店を営んでおり、建物の明渡しには応じようとしません。

Aさんとしては老後の資金を少しでも確保したい一方で、長年借りていたCさんにいくばくかの立ち退き料を支払ってあげたいと思っています。そこで不動産業者に相談することにしました。

しかしながら、不動産業者としても借地契約に精通しているわけではありません。間違いがないようにしようと弁護士に入ってもらうことにしました。

借地契約というものは、契約期限が切れたとしても地主側からは更新を拒絶することは基本的にはできません。契約期間が切れたとしても借地人がそのまま借地の利用を継続した場合は、法律上自動的に更新されてしまいます。

〈立ち退き料を支払って円満解決〉

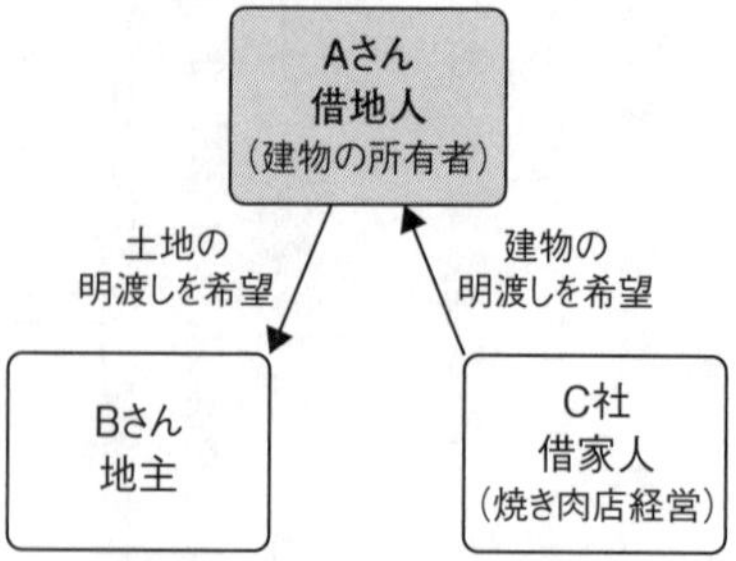

地主がこれに対抗するには、更新を拒絶する旨を借地人に通知しなければなりませんが、この更新拒絶通知に正当な事由（貸主が居住するのにどうしてもその物件が必要になった等）がなければ効力は生じません。また、今回のように建物の借家人が営業を継続しているような場合は、一般的に更新拒絶はできないものとされています。

ただし本件ではAさんもBさんも高齢になり、煩わしい借地関係を終了させたいと思っているため、更新することは双方の意に沿うとはいえません。

そこで弁護士は、Bさんに正式な更新拒絶の通知を送ってもらったうえで、AさんがBさんに対し建物買取請求権を行使する手法を提案しました。

この場合、Aさんの建物はBさんの所有物となり、Cさんとの貸家関係もBさんに承継されます。

Aさんの建物の価値については協議が成立しなければ裁判所に決定してもらうことになりますが、一般的には前述のように土地を占有していることの場所的利益として土地の価値の1～2割程度と建物自体の価格になります。

今回のケースでは、土地の価値が路線価で6000万円ほどなので一般的には

1200万円前後ですが、少し高めの1500万円としました。またCさんへの立ち退き交渉はAさんの責任で行うことで合意したのです。

そしてAさんがCさんに立ち退き料200万円を支払うことで円満に明渡しに応じてもらうことができました。

この事例のポイントは、AさんもBさんも借地関係を終了させたい意向を共有しながら、Aさんとしてはいくばくかの現金を受け取りたいという点です。

このような場合、更新という選択肢を採ったうえで、第三者に借地権を売却する手法も考えられます。ただし、本件ではBさんがこれを承諾するとは思えませんので、前述の借地非訟制度を用いることになるはずです。

しかしながら、これもBさんの意向に沿うものではありません。また、借地非訟制度を用いても金融機関の融資を受けられないので、売却価格は路線価よりかなり低くなってしまいます。

そのため、AさんがBさんからの更新拒絶の通知を受け入れ、契約期間満了により借地契約を終了させる方針を採りつつ、建物買取請求権を行使して現金を受け取る手法を採用しました。

なお、仮にCさんが立ち退き料を支払うと提案しても明渡しに応じない場合は、AさんとBさんの契約は終了するものの、BさんがCさんに建物を賃貸する状態になり、Aさんは建物買取請求権による現金を受け取るのみの結果となります。

土地賃貸借契約書の作成を拒む借主に相場よりも高値で売却

Aさん：地主

Bさん：借地人（先代より100年近く前から建物を建てて住んでいる）

AさんはBさんに土地を貸してきましたが、契約書は最初から作成されていませんでした。

そしてある日Aさんは、底地をBさんに買い取ってほしいと相談しました。しかし、値段の折り合いがなかなか付きません。この土地の更地価格は7000万円程度で、路線価での借地権割合は6割でした。そこでAさんは2800万円で底地の買取りを求めたのですが、Bさんは「2000万円以上は出せない」といっさい譲りません。

そのためAさんは機嫌を損ねてしまい、これまで固定資産税と都市計画税を合わせた額の1・5倍程度だった地代を3倍まで増額して請求しました。

また、Aさんは契約書がないことも不安に思っていたので、この機会にインターネットでダウンロードした書式の契約書も作成したいとBさんに提案しました。しかしBさんは、そこに書かれた契約内容を弁護士に相談したうえでこれも拒否しました。

さらに機嫌を損ねたAさんは、「契約書のない借地なんてあり得ないので作成してほしい」「相当の額の地代を算定してほしい」と不動産業者へ相談に行きました。

しかし、借地権に関してここまで揉めてしまったら、不動産業者としても介入しづらい状態です。すぐにAさんへ弁護士を紹介することにしました。

借地の地代については、契約書に定めていなくても「土地に対する公

〈土地賃貸借契約書の作成を拒む
借主に相場よりも高値で売却〉

租公課（税金等）の増減」「土地の価格の上昇または低下そのほかの経済事情の変動」「近くの似たような土地の賃料の比較」のいずれかが原因で対象の借地の賃料が不相当となった場合には、互いに増額または減額の請求をすることができます。

しかしそれで協議が成立しなければ、最終的には裁判所の判決をもって相当額への変更が認められます。

ただし、裁判官は土地の価格を算定する専門家ではないので、不動産鑑定士による賃料額の鑑定を行ってこれをベースに決められることになります。この鑑定料は一般的に高額で時間もかかります。そのため、地代の増額または減額の紛争は、まず簡易裁判所の調停を申し立てて話し合いによって解決することを目指す方法が一般的です。ここで担当する調停委員のうち1名が不動産鑑定士であることが多く、この段階でだいたいの金額の落としどころを見つけることができます。

また、賃貸借契約は口頭でも成立します。したがって、契約書を作成することは必須の要件とはいえません。それゆえBさんが選任した弁護士はこの作成を拒否したのです。拒否の理由は、この契約書に建物の増改築禁止特約が付いており、それが借地人であるBさんに不利益となるからです。

しかしながら、建物の増改築を繰り返されてしまうと、いつまで経っても建物が老朽化せず、借地契約が半永久的に続いてしまいます。ですから、増改築を禁止する特約を付けることは、むしろ一般的です。

そこでAさんの弁護士は、Bさんの弁護士に対して次のように交渉しました。

「契約書を作成しなければAさんとしては、今後Bさんが建物の建て替え費用について金融機関から融資を受けようとしてもこれを承諾しない。仮にBさんが金融機関から融資を受けないで自己資金で建物を建て替えようとしても、今のうちからAさんが土地を担保に借入れをするので勝手にはできない」

Bさんの弁護士は、最初何を言われているのかよく分からないようでした。しかしのちに、Bさんが建て替え費用の借入れをする際には地主であるAさんの承諾書が必要であること、さらにAさんが土地を担保に借入れをしてしまうと土地に抵当権が付くので、その上に建つ建物を増改築することができなくなることを理解するに至ったのです。

ところがその時点で「時すでに遅し」の状況でした。ちょうど子どもとの二世帯住宅への建て替えを検討しはじめていたBさんは、慌てて「2800万円で買い取りたい」と言ってきましたが、Aさんの機嫌は直りません。結局Bさんは、借地を当初の希望条件よりも高い3000万円で買い取ることになりました。

借地については独特の金融ルールがあるので注意が必要です。しかも、これについては弁護士でも十分に理解していないケースが多く、下手に強気に出て取り返しのつかない交渉をしてしまうこともあります。

今回のBさんの弁護士は、増改築禁止特約がBさんにとって不利なので契約書を作成しないと交渉しました。

しかしながら、Bさんが融資を受けて建物を建て替えることもあり得る、ということに思いが至らず、そのために契約書が必要だということが抜け落ちていたのです。

また、借地上の建物を担保にして融資を受ける場合、金融機関は地主に対して「万一、借地人が賃料未払いなどの借地契約の不履行を行った場合は、金融機関に報告すること」といった承諾書を提出するよう求めてきます。これは借地上の建物を担保にする場合は借地権も当然に担保対象となるのですが、賃料未払い等により借地契約が解除されると金融機関として担保に取っていたはずの借地権が消滅してしまうからです。

このように借地については独特の金融ルールがあるので、そのことを踏まえた交渉の組み立てをすることが必要です、しかし、すべての弁護士が必ずしもそれらに精通しているわけではありません。

オーナーチェンジでいきなり退去を迫られる

Aさん：一戸建ての賃借人　Bさん：一戸建てのオーナー

C社：Bさんから一戸建てを購入した不動産業者

Aさんは、Bさんから30年以上一戸建てを借りて居住していました。そんなある日、Aさんのところへ突然新しくオーナーになったとしてC社があいさつに来ました。事前にこれまで大家さんだったBさんからはなんの連絡もありません。

そしてC社はAさんに対し、「ここはアパートに建て替えるから出て行ってほしい」と言ってきました。しかし、Aさんは「自分には借家権があるはずなので従う気はない」と突っぱねました。

するとC社は痛いところを突いてきました。Aさんは新型コロナウイルスの影響で収入が減少したため、Bさんに家賃の支払いを半年ほど待ってもらっていたのです。そのためC社はAさんに、「滞納した家賃半年分を7日以内に全額支払ってほしい。支払えないなら直ちに退去してもらう」という内容の通知文を送り付けてきました。

Aさんは、急にそのようなまとまったお金を用意することはできません。何もできないまま7日が経ってしまいました。するとC社は、弁護士を介してAさんに建物明渡しを求めて退去請求（訴訟）を行ってきました。

Aさんは慌てて知り合いの不動産業者へ駆け込みました。しかし不動産業者としては、訴訟を起こされて

〈オーナーチェンジでいきなり退去を迫られる〉

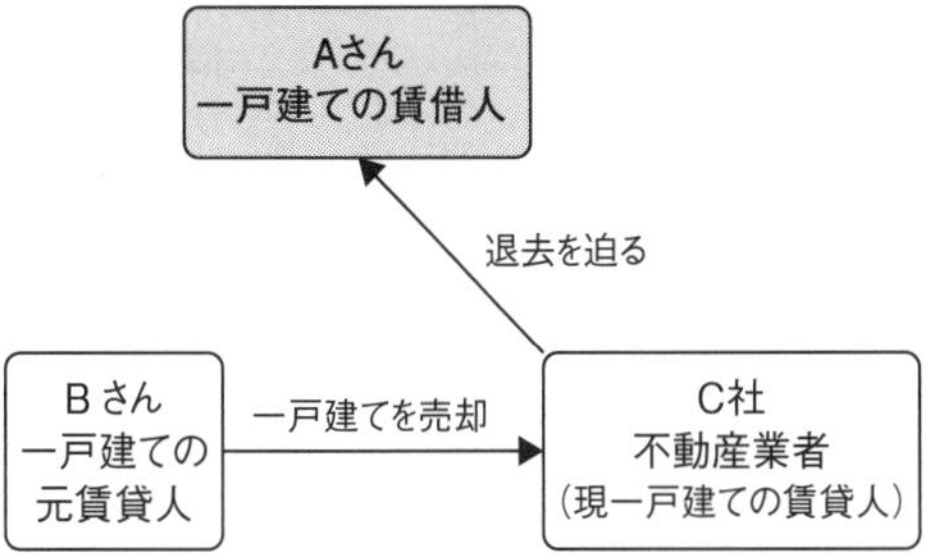

はどうすることもできません。すぐに協業する弁護士につなぎました。

その弁護士によると、C社は弁護士法73条に違反している可能性があるとのことでした。同法では、「何人も、他人の権利を譲り受けて、訴訟、調停、和解その他の手段によって、その権利の実行をすることを業とすることができない」としています。今回の例でいうとC社が不動産業者として、Aさんが家賃を滞納していることを理由に訴訟等で立ち退かせることを前提に物件を購入し、Aさんに対して立ち退きを求めると73条違反になる可能性があるのです。

これに違反すると、2年以下の懲役または300万円以下の罰金に処されることになります。

C社はBさんの一戸建てを購入したあと、直ちに借家人であるAさんに退去請求をして訴訟まで起こしています。このような場合、C社のAさんに対する権利行使は認められない可能性が高いといえます。

熊本地方裁判所平成31年4月9日判決では、「ある父親が自分の単独名義のマンションに娘（被告）を居住させていたところ、娘との間で紛争が生じて明渡を求めた。しかし彼女がそれに応じないので、その物件を転売目的の不動産業者（原告）へ娘が立ち退く気がないことを理由に安価で売却。不動産業者は娘（被告）に対して明渡等を求めて提訴した」という事案において不動産業者の請求を棄却しました。その不動産業者の立場はC社と同じといえます。

この事案でもAさんの弁護士は、建物明渡しの訴訟手続きをしてきたC社に対して同様の主張をしました。

すると裁判官は、それを認める前提での和解勧試（訴訟の途中で和解を勧めること）をしてきました。

そこでAさんの弁護士は、この不動産をAさんの紹介する不動産業者を通じて売却し、その売却金を折半するという提案をし、そのとおりに話が進みました。

C社もBさんから相当安い金額で買ったので、弁護士の案に従うことにしたようです。

不動産業者としては、C社の立場にもなり得るので注意が必要です。そのきっかけは、この事例のようなオーナーチェンジに限ったことではありません。例えば最近は、「共有持分を買い取ります。ほかの共有者に知られることはありません」などと広告にうたう不動産業者も数多くいます。そのようにして買い取った共有持分は、よほど家賃が高額な収益物件であればそのままもち続けることも考えられます。その場合、弁護士法73条違反の問題は出てきません。

しかし、大抵はすぐに共有物分割の手続きを行ってからほかの共有者と共同して売却する、持分をほかの共有者に高額で売りつける、ほかの共有者の持分を安く買い取る、いずれかの手段に出ることになるはずです。そうでなければ共有持分を買い取るメリットがないからです。

ただしこれらを行うと、共有物分割の手続きを行う目的で共有持分を譲り受けたことになるので、弁護士法73条違反の可能性が出てきます。

このようなことから不動産やその共有持分を買い取る場合は、売主の権利問題を解決させてから先に進むのが無難といえます。

先取特権に基づいて荷物を競売

Aさん：商業ビルのオーナー　Bさん：借家人

Aさんは30年以上Bさんへ商業ビルの一室を賃貸し、Bさんはそこでカラオケスナックを営んでいました。

Bさんのお店の経営は以前から順調ではなく、さまざまなところから借金をしていたようです。そこに新型コロナウイルス感染症が追い打ちをかけました。売上が激減し、確定申告もきちんとしていなかったので各種給付金も得られませんでした。そのため、月額15万円の家賃も半年以上滞納していました。

それまでもBさんの家賃の支払いが遅れることは何度かありました。そのたびにAさんは我慢してきました。しかし、半年も滞納するのは今回が初めてです。

違和感を覚えたAさんは、滞納した賃料はもう払わなくていいから即

〈先取特権に基づいて荷物を競売〉

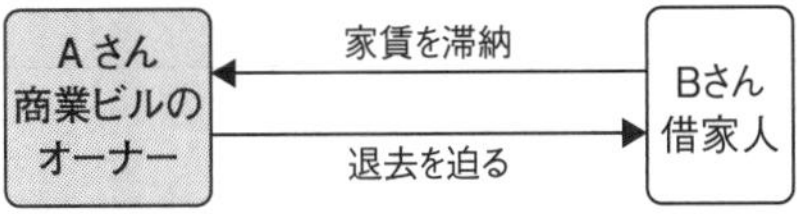

退去してほしいと管理会社（不動産業者）を通じて提案しました。ところがBさんは「本当に自分にはお金がない。ほかにも借金をしているが、そちらも払ってない。だから家賃は払えない」と言い、そのうえでこの店を失うと職を失うため立ち退くことはできないと開き直ってしまいました。

これでAさんの怒りは爆発し、「今まで大目に見てきたのに、なんだその態度は！」と管理会社を通じて弁護士に対処をお願いすることにしました。

一般的にこのような事案を受けた弁護士は、裁判を提起して判決をもらい、それに基づいて強制執行をするという手法を採ります。

しかしその場合、提訴して1カ月後に口頭弁論、その場ですぐに結審しても判決確定までにそれから1カ月程度、強制執行の準備（執行官による明渡し催告）までに1カ月程度、実際の強制執行までに1カ月程度、合計すると最短でも4カ月の期間を要することになります。

また、弁護士費用に30～50万円、実費に10万円程度（執行官費用含む）、そのほか引っ越しおよび廃棄費用相当額を要することになり、居住用ワンルームでも、トータルで

100万円程度の費用がかかります。荷物の量や借家人が引き取る可能性の有無によりますが、突貫費用で業者に完全お任せとなるため一般的な引っ越しよりもかなり高額になるのです。

そこで今回は、不動産賃貸借の先取特権に基づいて動産競売（強制執行）を申し立てることにしました。具体的には滞納している賃料の回収を名目として、スナックの営業用の機材（カラオケのモニター、スピーカー、ソファーやいすなど）を差し押さえ、営業ができないようにしたのです。その期間は2週間という短かさで済みました。Aさんが同じビルの空き部屋を用意し、そこに差押物品を陳列して競り売りを行うことができたからです。これによって滞納していた家賃もいくらか回収できました。

Bさんも強制執行と聞いて、知り合いの弁護士に相談したそうです。そこで強制執行には半年くらいの猶予はあると聞いたようで、執行官が動産競売に出向いたときにはたいへん驚いていました。しかし、本当に機材を差し押さえられて営業ができなくなったので観念し、1カ月後には退去していきました。

その後、管理会社は真面目なテナントを見つけてきて、Aさんは順調に商業ビル経営を行えるようになりました。

この成功事例は、通常の建物明渡しの裁判を行う際はどんなに早くても4～6カ月の期間と、100万円程度の費用を要することを知ったBさんが余裕を感じていたことから、その隙を突く形で成立したものといえます。

なお、動産競売を行う場合はリース物件を対象とすることはできないので、事前に現地調査を行うことが重要です。今回も弁護士着任後に管理会社が行いました。

成功事例8　事業継承に伴い不動産を処分する

貸主が借家権の譲渡を承認しないテナントの事業を継承

A社：鰻屋の会社　Bさん：A社の代表　Cさん：A社2号店の店長

Bさんは40年前に資本金300万円でA社を立ち上げ、A社で取得した自宅兼店舗（1号店）で鰻屋を営み、10年後には駅ビルの一角を借りて2号店をオープンさせました。

その後30年が経ち、Bさんは引退を考えはじめました。A社の資産は預金額と負債額がほぼ同額なので、実質自宅兼店舗だけという状態でした。ですからBさんは、その物件を売却して老後の費用に充てたいと思っています。

問題は会社の引き受け手です。彼に子どもはなく、2号店の店長であるCさんがいますが、彼は1号店まで手が回らないので、2号店だけを引き継ぎたいと言っていました。

ところがテナントの貸主はCさんとの接点がなく、それゆえ「知らない人に店舗は貸せない」と借家権の譲渡に応じてくれません。このままでは自宅兼店舗を売却することができません。

困ったBさんは、知り合いの不動産会社から弁護士を紹介してもらうことにしました。弁護士が考えた打開策はこうです。BさんがA社から自宅兼店舗を「退職慰労金の給付」という名目で取得し、A社の株式

〈貸主が借家権の譲渡を承認しないテナントの事業を継承〉

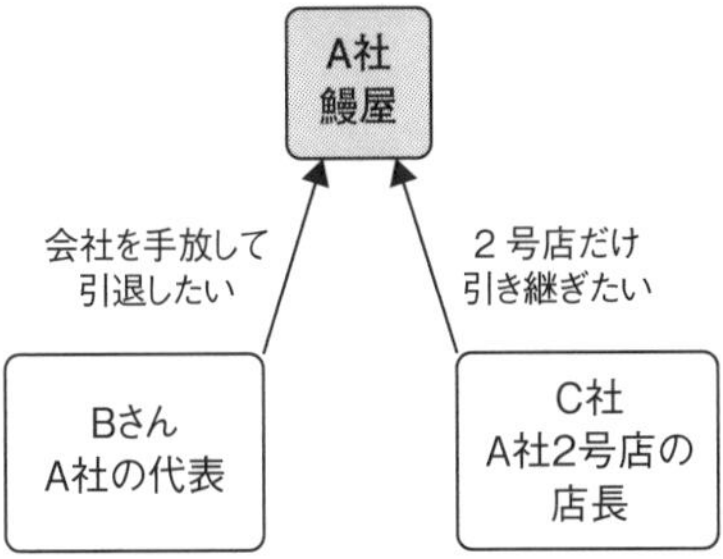

をCさんに資本金300万円で売却します。要するにA社の経営権をCさんに譲って、営業は2号店のみで継続することにしました。これならばテナントの借主はA社のままなので、貸主は文句を言えません。

Bさんは株式の売却後、自宅兼店舗もその不動産業者に依頼して売却し、駅前の便利なマンションへ転居していきました。

なお、この事例は不動産業者の紹介で税理士とも協業し、よりBさんの満足度を高めることができました。BさんがA社の自宅兼店舗を「退職慰労金の給付」として取得したので退職所得控除の利用によって節税効果を得ることができたのです。

さらに取得後は自宅として売却できたので、居住用財産の特例が適用されて売却金に対する税金も節税することができました。

Epilogue　法人後見制度が不動産業者のビジネスチャンスを広げる

不動産業者と弁護士が協業することにおいて、私が知る限り両者にとってメリットばかりで、デメリットはほとんどありません。しかも今後は社会がより両者の協業を求めるようになります。その大きな鍵は高齢化と法人後見です。日本は世界でもトップクラスの超高齢社会（全人口の中で65歳以上の割合が21％を超えた社会）です。総務省統計局のデータによると、2021年9月15日の総人口に占める高齢者の割合は29・1％で過去最高となりました。この割合は今後も増加し続け、国立社会保障・人口問題研究所の推計では2040年には35・3％となる見込みです。

そして第一生命経済研究所の推定によると、日本人の家計金融資産残高約2000兆円のうち、世帯主60歳以上の保有分は約7割を占めています。また、総務省の「全国家計構造調査」（2019年）を確認すると、80代の保有する資産の約65％は不動産となっています。

高齢者がどんどん増えていく。その高齢者が保有する資産の大半は不動産である。この

2つから、今後成年後見制度を利用して不動産を売却するケースが増加していくことが見えてきます。それは不動産業者が活躍する場が増えることを意味します。

ただし問題もあります。それは現在主流の成年後見人では、近々に行き詰まってしまう可能性が高いということです。同制度は一度利用を開始すると、原則として被後見人が亡くなるまで終了させることはできません。したがって成年後見人としては、次々と受任数が増えていくことになり、これ以上は受任できないという事態になることは容易に想像できます。実際に私はそのような事態に陥っている成年後見人を多数知っています。

また、成年後見人自身も年齢を重ねていきますから、いずれ余命が長い人の受任を断らざるを得なくなります。ある年配の弁護士は「自分は弁護士業務をあと5年くらいしかやらないつもりなので、いつ終わるか分からない成年後見人を受けることはできない」と言っていました。これは、せっかく培った成年後見人としての知識や経験を無駄にしてしまうことにもつながります。さらに少子高齢化が加速するなか、成年後見人を受任したいという若手のキャパシティーが増加する被後見人よりも多くなることはあり得ず、個人で成年後見人を担当していくのはもはや限界が来ているといえます。

私はこの問題を解決する手段として、法人後見という手段が最も効果的であると考えています。法人後見とは、成年後見人（保佐人や補助人も含む。以下成年後見人等とします）に、社会福祉法人のほか一般社団法人、特定非営利活動法人つまりＮＰＯなどの法人が着任することです。

最高裁判所事務総局家庭局が毎年出している「成年後見関係事件の概況」によれば、成年後見制度が開始された２０００年当初は、親族が成年後見人等に選任されたケースが90％以上を占めていました。しかしその親族が自身のために被後見人の財産を利用してしまうことがたびたび問題視され、２０２1年度には19・８％まで減少しています。

そこで現在、親族以外ではどのような人が成年後見人に選任されているかといえば、遺産分割協議や訴訟などの法律関連が問題となる場合には弁護士、資産よりも本人の生活面が問題となる場合には社会福祉士、いずれでもない場合には司法書士という３士業が多くを占めます。２０２1年度では3士業だけで8割を超えています。

しかし前述のとおり個人で成年後見人等を受任するのは限界があり、最近は法人がその選択肢となる流れが加速しています。最高裁判所の「成年後見関係事件の概況」によれば、2000年度に法人が成年後見人等に着任しているのはわずか0・4%でした。これが2021年度には12・2%まで上昇しています。

法人が成年後見人等になる大きなメリットは、組織的な対応が可能になることです。法人ならば人員を増やしたり、役割分担をしたりすることで数多くの成年後見を受任することができます。また法人の担当者は、常に管理職から指導や助言を受けながら後見業務を進めることができますし、仮に担当者が病気になったり家庭の事情などの不具合が生じたり、本人との相性がどうしても合わないなどの場合は、別の担当者に交代することができます。そして法人内に過去の経験と知識が蓄積され、後継者が引き継ぐことも可能になります。

一方で弱点もあります。それは弁護士のように法律事務を取り扱うことができないことです。仮に組織内に弁護士を雇っていたとしても法人自体が法律事務を取り扱う前提で成年後見人等になることは弁護士法上の問題がありますし、そもそも家庭裁判所が選任してくれません。また、成年後見人等に受任することを掲げている法人であっても実力は千差万別であり、家庭裁判所としても実態をつかむことは困難です。そのため、今のところ家庭裁判所が法人を成年後見人等に選任する例は主流になっていません。

これらを解決するために考えられるのが、成年後見人等になる法人と弁護士との協業です。法人と弁護士がタッグを組んで成年後見人等に受任し、各自が得意分野ごとに役割分担をする体制を構築しておくことで、家庭裁判所は弁護士とともに法人も成年後見人等に選任することを認めてくれるようになります。

法人後見と弁護士の協業が一般的になることは、不動産業者にとっても非常に良いことだと思います。不動産業者は身寄りがない方から所有している不動産を売却して施設入所をしたい、または施設入所したことで自宅へ戻れる見込みがなくなったので不動産を売却したい、といった相談を受けることが少なくないと思います。

しかしながら本人が施設入所を希望したり、施設入所したあとでのタイミングでは、本人の判断能力を疑問視されることが多々あります。このような場合、本人に成年後見人等がいなければ不動産を売却することはできません。そのような場合に成年後見人等に就任できるのは弁護士といった法律の専門家に限られています。

従来は不動産を売却するために成年後見人等に就任する弁護士を探すことは容易でし

た。ところがこれからは高齢化が進んでそれが困難になるはずです。さらに不動産業者にとっては、日頃から付き合いのある弁護士に成年後見人等に就任してほしいという希望も加わるので、なおさら難しいことになると思われます。そうした場合に法人後見と弁護士の協業が一般的になっていれば、不動産の売却をスムーズに行いつつ、本人のための日常的な支援は法人後見で進めていくということが可能になります。

また、親御さんが所有している不動産を親族が売却したいと相談に来るケースも多いはずです。このような場合、相談に来た親族から「本人は身体は不自由だが、判断することは可能である」といった説明を受けると、それ以上本人の判断能力については深く踏み込まないのが通例です。しかしながら、そのようにして売却等の業務を進めていき、いざ決済となったところで担当する司法書士から本人の判断能力を否定されて取引の継続が難しくなることもあります。その時点から成年後見人等を選任したうえで取引を継続することも不可能ではありませんが、本人に判断能力がないのに取引を進めてきたということであれば、新たに成年後見人等に選任された弁護士は不審に思い、取引をやり直すために別の不動産業者に依頼するという事態にもなりかねません。

このようなケースでも法人後見のスキームは有効です。現行の制度では、資産売却等の法律業務が予定されているときは親族が成年後見人等になれる可能性は低い、と説明しました。しかし、そのような場合でも日頃から付き合いのある弁護士と法人のタッグによる成年後見人を親族から希望してもらうことで、それまでの親族との関係を維持しながら不動産売買を実現できる可能性が高まります。

ただし、事例のなかでも説明しましたが、協業相手の弁護士選びは慎重にしなければなりません。肩書は同じ弁護士でも得意分野はさまざまです。全員が不動産関連の法律に精通しているわけではありません。

以前このような例がありました。とある弁護士が、私の顧客である地主が保有していた土地の借地人の成年後見人に就任しました。その弁護士は、借地権を私の顧客である地主へ売却することを目的として、第三者に売却することを匂わせながら、強気な交渉を仕掛けてきました。これに対し、地主から依頼を受けた私が第三者への売却も含めて拒否すると、その弁護士は借地非訟制度を用いて不動産業者への買取りを強行してきました。しかしその審理のなかで、不動産業者が買い取ったあとの再販売の際にもさらに譲渡承諾料が必要となることや再販売後の買主に融資が認められず、それでは売り物にならないことを初めて知ることになります。結局、その借地人は売却を諦めざるを得なくなりました。

このように成年後見人等に就任した者が弁護士であったとしても、必ずしも不動産関連に精通しているとは限らないのです。しかも、精通している弁護士は多くありません。

これからは法人後見と併走した不動産売却案件が増えていきます。そこで必要とされるのは「成年後見制度をよく理解している不動産業者」、「成年後見制度を理解しつつ不動産関連の法律や実務に精通している弁護士」、そして「後見人を受任できる法人」の協業です。

この3者が協業すれば、時代のニーズに合った業務をスムーズに行うことができます。そのことは不動産業者にとっても業務の幅を広げ、多くの人の役に立つことにつながるはずです。

また2022年8月12日の東京新聞によれば「成年後見制度について、法務省が民法改正に向けた検討を始めたことが12日、分かった。現在の仕組みでは、利用を始めると原則、途中でやめたり後見人を替えたりすることができないため、必要なときだけ使えるようにするほか、後見人を柔軟に交代できるようにする方向だ。利用者が後見人に支払う報酬も、いくらかかるか分かりにくい仕組みを改める考え。政府は２０２６年度までに民法など関連法案の国会提出を目指す。実現すれば、制度が２０００年に始まってから初の大幅な改正となる。」との報道がありました。この改正が実現されたとしても、弁護士によるスポットでの後見人の必要性や、身寄りの無い方の法人後見の必要性など、本書でご説明したことが変わることはありません。

一方で、今のところ成年後見人を法人で受任する法人はまだ少なく、弁護士を通じて、この協業体制を構築している例もかなり少数といえます。そこで、今のうちからこの協業体制を構築するためにも、まずは弁護士との協業をおすすめしたいと思います。

鈴木 洋平（すずき ようへい）

慶應義塾大学卒業後、２００４年に弁護士登録。複数の行政機関で成年後見制度に関する委員、建築審査会委員、横浜家庭裁判所家事調停官（非常勤裁判官）など歴任したうえで、現在は住宅品質確保法の紛争処理委員、建設工事紛争審査会委員、横浜地方裁判所等民事調停委員。「不動産」が関係する法律問題のほか「高齢者」であることに起因する法律問題を重点的に取り扱っている。不動産関係の顧問先は50社以上、相談件数は年間２００件を超える。

11の士業が集まるＬＴＲコンサルティングパートナーズの理事として、税理士、司法書士、土地家屋調査士、一級建築士との連携が必須となる複雑な不動産案件の解決実績も多数。

本書についての
ご意見・ご感想はコチラ

不動産業者のための 弁護士との「協業」のすすめ

二〇二二年一〇月二〇日 第一刷発行

著 者　鈴木洋平
発行人　久保田貴幸
発行元　株式会社 幻冬舎メディアコンサルティング
〒一五一－〇〇五一 東京都渋谷区千駄ヶ谷四－九－七
電話 〇三－五四一一－六四四〇（編集）
発売元　株式会社 幻冬舎
〒一五一－〇〇五一 東京都渋谷区千駄ヶ谷四－九－七
電話 〇三－五四一一－六二二二（営業）
印刷・製本　中央精版印刷株式会社
装 丁　弓田和則

検印廃止

Printed in Japan ISBN 978-4-344-94116-8 C0032
幻冬舎メディアコンサルティングＨＰ http://www.gentosha-mc.com/